本书的编写受到：北京联合大学“十二五”高等教育本科教材建设规划项目和四川省哲学社会科学重点研究基地——川菜发展研究中心重点项目（CC12S01）支持

全国旅游类专业创新应用型人才培养规划教材

饮食文化概论

YINSHI WENHUA GAILUN

修　宇　郭晓赓　编著

中国旅游出版社

序 言

2009 年国务院 41 号文《关于加快发展旅游业的意见》颁布，它将旅游业提升至国民经济战略性支柱产业的地位，旅游业迎来了巨大的发展机遇。2014 年的 31 号文《国务院关于促进旅游业改革发展的若干意见》指出，旅游业是现代服务业的重要组成部分，带动作用大，明确了促进旅游业改革发展，要创新发展理念，坚持深化改革，依法兴旅，坚持融合发展，坚持以人为本。旅游业是综合性强、渗透性强、涉及面广、市场潜力大、发展前景广的“朝阳产业”，同时也是各种新业态、新产品不断涌现的现代服务业。2015 年 1 月，李金早局长在全国旅游工作会议上也指出，旅游业已经发展成为综合性的现代产业，旅游业正在成为经济发展新常态下的新增长点。旅游人才如何满足日益增长且多样、多元和多变的旅游市场就业需求，这是旅游高等教育必须思考和解决的问题。

在此背景下，培养一批符合旅游市场需求，具有国际竞争力的高素质的创新应用型旅游人才成为推动旅游业发展的当务之急。依据国家高等教育方针、旅游行业需求，应用型人才可以分为三个层次：基础层次是技术（技能）应用型人才；中间层次是知识应用型人才；最高层次是创新应用型人才。创新应用型人才不同于普通高校培养的学术型、研究型人才，也不同于普通高职类院校培养的纯粹应用型、技术型人才，是介于两者之间的。正是基于这种认识，2009 年北京联合大学旅游学院申报获批为北京市旅游人才创新实验区，提出培养创新应用型旅游人才的理念，2010 年以来开始考虑和规划旅游类专业创新应用型人才培养的主干课程教材建设。

教材是体现教学内容和教学方法的知识载体，也是深化教学改革，提高教学质量的重要保证。这套旅游类专业教材体现了对近年来旅游理论与旅游实践发展的全面总结，体现了旅游理论与旅游实践的协同创新；是旅游理论知识与旅游业实践和旅游业需求充分接轨的产物，既区别于纯理论教材，也区别于纯实践教材；也是适应 21 世纪大旅游发展时期实现旅游高等教育改革与发展的产物。

在旅游产业融合发展的“大旅游”发展背景下，高素质创新应用型旅游人才除需要旅游专业的相关知识和能力外，还需要具有人文素质、经济意识、信息技术和国际视野，且掌握旅游产业前沿动态等相关知识和能力。面向大旅游新业态发展，为了使本套教材更好地体现旅游各领域的知识、能力和素质要求，减少或消除课程内容与旅游实践相脱节的现象；体现高校教学特点的同时，又充分接轨旅游业的主流方法与技术，我们在广泛听取各方面意见、建议和借鉴教育部旅游管理类专业指导委员会专业课程建设标准的基础上规划本套教材，由校企协同开发。例如，《旅游信息化导论》与携程网和 IBM 合作，《会展管理》与中国会展联合会合作，从教材建设方面，全方位提升旅游类课程内涵建设。本套教材注重理论联系实际，融知识学习与能力培养为一体，其中部分教材采用立体式教材建设模式，构建了较丰富而开放的学习资源，内容比较新颖，有的教材首次列入（如《旅游信息化导论》）。本套教材获得北京市旅游人才创新实验区项目和北京联合大学校级规划教材项目的大力支持。

本套教材是集体智慧的结晶，尽管编写过程中我们力图反映旅游理论知识和旅游业实践的最新成果和发展趋势，使教材既便于教师教学也能促进学生自主学习，但旅游管理这一年轻的学科发展速度如此之快，我们的经验和学识有限，教材中难免有瑕疵，敬请读者批评指正。

黄先开

2015 年 7 月 29 日

目 录

前　言

人类饮食的历史是人类适应、利用、改造自然界客体而求得自身生存和发展的历史，反映了人类逐步实现自身价值观的过程。饮食文化正是在人类不断开拓食源、开发食品、制造食器、消费食物的过程中，人们饮食方式、过程、功能、习俗、思想等全部食事的总和。人类的饮食文化存在于各种内蕴和外显的模式之中，并得以学习与传播，其核心仍是传统思想观念和价值。因而在理解学习中西饮食文化时，更需注意“文化”的历史性、群体性和影响性。

从人类文化的价值表现看，作为一种文化，首先应该是民族的，然后才是世界的。本书以典型中、西饮食文化为代表，围绕食生产、食生活、食事象、食思想、食惯制等食事活动展开，展现了各饮食文化鲜明的民族特色、旺盛的生命力和强大的融合力。本书在阐述不同饮食文化发展历史和各饮食文化特点的同时，特别将营养膳食、餐桌礼仪、饮食旅游和宗教食俗等特殊并具有特色的饮食文化融入本书，并在扩展阅读中辅以米其林美食、英式下午茶、国宴、素食主义等流行饮食元素介绍。全书有理有例，浅入深出，专业特色鲜明，又具有一定普适性。

本书由北京联合大学旅游学院教师修宇负责结构设计和最终统稿，与北京联合大学旅游学院郭晓赓副教授合作编著。第一章、第二章、第三章、第五章（第一节、第二节）、第六章（第一节、第二节）由修宇编写；第四章、第五章（第三节、第四节）、第六章（第三节）由郭晓赓编写。

本书的编写与出版得到了北京联合大学“十二五”高等教育本科教材建设规划项目资助。在全书编写过程中，得到了一众师友、家人的支持和帮助，在此特别感谢北京联合大学旅游学院副院长王美萍教授的支持，感谢北京联合大学郭亚东副教授（高级技师）在史料收集、整理和理论梳理等方面的帮助，以及本书责任编辑给予的指导和辛勤工作。

由于编者水平有限，疏漏之处在所难免，敬请同行专家和广大读者批评指正。

编　者

2016 年 10 月

第一章

绪论

【本章目标】

学过本章之后，你应该能够

- 了解文化的概念与范畴。
- 理解饮食、烹饪、饮食文化的基本概念。
- 理解饮食文化的效能。
- 掌握烹饪诞生的过程、条件和意义。
- 熟悉中西方饮食文化的特点。

饮食，素来是人类生存和提高身体素质的首要物质基础。早期野蛮时代，人类与其他动物一样，饮与食只是出于生存的本能。但是，当人类通过认识并使用火而与动物区别开后，人类的饮食也与动物的饮食有了本质的区别。人类饮食伴随着用火熟食、使用调味品，以及众多饪食器的发明创造，而逐渐呈现出丰富的文化属性。

由此，人类饮食的历史成为人类适应自然、征服与改造自然以求得自身生存和发展的历史，是人类通过社会实践活动，适应、利用、改造自然界客体而逐步实现自身价值观念的过程，在这一历史过程中逐渐形成了人类的饮食文化。人类的饮食文化存在于各种内蕴和外显的模式之中，并得以学习与传播，其核心仍是传统思想观念和价值。在理解学习中西饮食文化时，更需注意“文化”的历史性、群体性和影响性。

第一节　文化与饮食的范畴

一、文化的范畴

在文化的创造与发展中，主体是人，客体是自然，而文化便是人与自然、主体与客体在实践中的对立统一物。这里的“自然”，不仅指存在于人身之外并与之对立的外在自然界，也指人类的本能、人的身体的各种生物属性等自然性。文化的出发点是从事改造自然、改造社会的活动，进而也改造自身，即实践着的人。人创造了文化，同样文化也创造了人。

对文化概念的界定和理解，就其过程而言，是人化或自然界的“人类化”，也就是人类主体通过社会实践活动，适应、利用、改造自然界客体而逐步实现自身价值观念的过程，这个过程是人与自然相互适应、相互影响的互动过程；就结果而言，文化是指人类创造的一切物质产品和精神产品的总和。

1. 西方社会对文化内涵的论述

西方的“文化” Culture 一词来源于拉丁文 Cultura。拉丁文的 Cultura 有耕种、居住、练习、注意和敬神等多种含义。在《朗文当代高级英语辞典》中，对 Culture 一词做了如下解释。

（1）文化，是在一定时期内的特定人群中形成的习俗、信仰、艺术、音乐及其他人类精神文明产物（the customs, beliefs, art, music, and all the other products of human thought made by a particular group of people at a particular time）；

（2）修养、教养、精神文明，是富有艺术性的用脑创造的结果（artistic and other activity of the mind and the works produced by this）；

（3）养殖，培育，栽培（the practice of raising animals and growing plants）；

（4）为科学研究进行的微生物培养、培育（（a group of bacteria produced by）the growing of bacteria for scientific use）。

1982 年，在墨西哥召开的世界文化大会上发表的《总报告》和《宣言》中对文化含义的描述是：“文化是体现出一个社会或一个社会群体特点的那些精神的、物质的、理智的和感情的特征的完整复合体。文化不仅包括艺术和文学，而且还包括生活方式、基本人权、价值体系、传统和信仰等”，“文化可以被理解为每一个人和每一个共同体独一无二的特征，以及思考和组织生活的方式。文化是每一个社会成员虽然没有专门学习但都知晓的知识领域和价值观念”。

2. 国人对文化内涵的论述

梁启超先生曾在《什么是文化》一书中写到，“文化者，人类心能所开释出来之有价值的共业也”。“共业”包含众多领域，如认识的（语言、哲学、科学、教育）、规范的（道德、法律、信仰）、艺术的（文学、美术、音乐、舞蹈、戏剧）、器用的（生产工具、日用器皿以及制造它们的技术）、社会的（制度、组织、风俗习惯）等。

胡适先生在《我们对于西洋近代文明的态度》中提到，“第一，文明（civilization）是一个民族应付它的环境的总成绩；第二，文化（culture）是文明所形成的生活的方式。”

梁漱溟先生在《东西文化及其哲学》一书中提到，文化乃是“人类生活的样法”。这种样法有精神生活、物质生活和社会生活三大内容。

蔡元培先生提出“文化是人生发展的状况”，并列举衣食住行、医疗卫生、政治、经济、道德、教育、科学等事项。

目前，《中国大百科全书·社会学卷》《中国大百科全书·哲学卷》《辞海》中分别对“文化”一词的解释如下：

社会学卷：“广义的文化是指人类创造的一切物质产品和精神产品的总和；狭义的文化专指语言、文学、艺术及一切意识形态在内的精神产品。”

哲学卷：“广义的文化总括人类的物质生产和精神生产的能力以及物质的和精神的全部产品；狭义的文化指精神生产能力和精神产品，包括一切社会意识形态，有时又专指教育、科学、文学、艺术、卫生、体育等方面的知识和设施，以与世界观、政治思想、道德等意识形态相区别。”

辞海：“从广义来讲，文化指人类社会在历史实践过程中，所创造的物质和精神财富的总和。从狭义来说，文化是指社会意识形态（思想、道德、风尚、宗教、文化艺术、科学技术、学术等）以及与之相适应的组织和制度。”

3. 文化的社会学含义

社会学所讲的文化，内容非常广泛。凡人类所创造的一切经验、感知、知识、科学、技术、理论以及财产、制度、教育、语言等，都属于文化现象；大则宇宙观、时空观、人生观、价值观，小则衣食住行、婚丧嫁娶，一切社会的生活方式、行为方式、思维方式、语言方式、等级观念、角色地位、道德规范、价值标准等，都属于文化的范畴。

社会学的文化定义强调：文化是人类创造的，文化是人类创造的特质，文化是人类创造的特质所构成的复合体，文化是不同形态的特质。这是一种广义的“文化”的概念，着眼于人类与一般动物、人类社会与自然界的本质区别，着眼于人类卓立于自然的独特的生存方式，涵盖面非常广泛，所以又可称作“大文化”。梁启超先生在《什么是文化》中的论述与这一概念类似。

据此，文化的实质性含义可理解为“人化”或“人类化”，“自然的人化”即是文化，这一过程的成果既反映在自然面貌、形态、功能的不断改观，更反映在人类个体与群体素质（生理与心理的、工艺与道德的、自律与律人的）的不断提高和完善。由此可见，凡是超越本能的、人类有意识地作用于自然界和社会的一切活动及其结果，都属于文化。

4. 文化的分类

有广义的“文化”，也就有狭义的“文化”。狭义的“文化”排除了人类社会在历史生活中关于物质创造活动及其结果的部分，专注于精神创造活动及其结果，所以又被称作“小文化”。1871 年，英国著名的人类学家爱德华·泰勒在《原始文化》一书中指出，“文化是一种包括知识、信仰、艺术、道德、法规、习俗以及所有作为社会成员的个人所获得的其他能力和习惯的复合整体”，是狭义“文化”早期的经典界说。在汉语言系统中，“文化”的本义是“以文教化”，也属于“小文化”范畴。所以，现代人在某一地区或某一事物上使用“文化”这一概念时，或者凡涉及精神创造领域的文化现象时，均是就“狭义文化”而言的。

按照内涵大小和层次，文化可理解为以下三个层次：第一层次，文化是人类所创造的一切物质财富和精神财富的总和，即广义的“文化”；第二层次，文化是指人类在精神方面的创造及成果，主要包括文学、艺术、宗教等意识形态领域的精神财富；第三层次，认为文化仅仅是以文学、艺术、音乐、戏剧等为主的艺术文化。本书在介绍饮食文化时，是根据广义“文化”的内涵进行阐述的。

文化的其他分类方式还有：以时间顺序为标准，分为史前文化、古代文化、近现代文化、当代文化等；以地域或国家为标准，分为世界文化、东方文化、西方文化、中国文化、法国文化、美国文化等；以存在形式为标准，分为物质文化、精神文化、制度文化、行为文化、心态文化等；以具体事物为标准，分为饮食文化、服饰文化、制度文化、器物文化等；以强弱态势为标准，分为强势（主流）文化、弱势（非主流）文化、亚文化等。此外，还有诸如宗教文化和世俗文化，本土文化和外来文化，城市文化和乡土文化，先进文化与落后文化等。

二、饮食和烹饪

1. 饮食的含义

“饮食”一词，约始于春秋战国时期。如“饮食男女，人之大欲存焉”（《礼记·礼运》）。又如孔子说：“君子食无求饱。”约至秦汉时期，“饮”“食”两字已可通用，即饮可以统食，食亦可以统饮。

在英语中，“饮食”一词可写作“food and beverage”，也常写作“diet”。其中 diet 作为名词，有饮食品、食物、特定的饮食等含义；作为动词，有进食、节食等含义。

由此可见，“饮食”既可作名词用，也可作动词用。现代社会中，广义的饮食包括三个含义：一是饮食原料的加工生产，即制成产品的过程；二是制成的产品，即饮食物；三是对饮食品的消费，即吃和喝。狭义的饮食则仅指饮食品的消费过程。

2. 烹饪的诞生

自从地球上出现人类以后，饮食，这个人类与大自然进行基本物质交换的生活现象也就产生了。综观人类的饮食历史，不管有多么漫长，都大致分为两个阶段：一是自然饮食状态，即“茹毛饮血”的原始饮食；二是调制饮食状态，即烹饪饮食。在从自然饮食状态向调制饮食状态过渡中，人类的饮食文明基本经历了生食、熟食、烹饪三个阶段，只是各个国家和民族在这三个阶段的起止时间上不尽相同。

在我国，烹饪一词最早见于《易经》。《周易·鼎卦》中有如下的描述：“鼎，象也；以木巽火，亨饪也。”“鼎”是先秦时常用的炊具，《说文解字》中解释鼎是“调和五味宝器也”，主要用来烹煮食物，也可作为祭祀的礼器。鼎卦是由巽卦和离卦两个单卦组成，“巽”在八卦中代表“风”，“离”在八卦中代表“火”，“木”指燃料。“亨”在先秦与烹通用，为煮的意思。“饪”是指食物成熟，在古代是熟食的通称。“以木巽火，亨饪也”就是：以巽木入离火，在鼎中烹煮食物。以后“烹饪”一词逐渐成为泛指把食物从生到熟的制作过程。

人类学会用火以前，在茹毛饮血的饮食生活中度过了相当漫长的黑暗岁月。所以，烹饪诞生于人类认识并使用火。恩格斯曾这样评价人类对火的使用，“第一次使人支配了一种自然力，从而最终把人同动物界分开”。人类用火烧烤食物，是人类第一次能源革命的开端，它结束了人类茹毛饮血的蒙昧时代，标志着人类从生食阶段进入熟食阶段。

而烹饪的诞生还需要另外两个条件，即陶器和调味品的使用。陶器出现在距今一万年前，用其烹煮食物更方便，方法也更多样。人类最早应用的调味品有蜜、酸果、盐等。我国古代的《淮南子·修务训》中记载有“在伏羲氏与神农氏中间，诸侯中有夙沙氏始煮海作盐”。夙沙氏为我国东部沿海之滨的一个部落，这里的人世代濒海生存，经常接触海滩上的盐层，故知其味而食之。另外，仰韶文化遗址也出土了海水煮盐文物，这些都出现在新石器晚期，大约距今七八千年。

综上所述，火的使用、陶器的出现、调味品的使用是烹饪诞生的基本要素。烹饪诞生之后，人类生活发生了质的飞跃。首先，彻底改变了茹毛饮血的生活方式，在摄食以维系生存这一关键问题上，使人与动物有了根本的区别。其次，火与盐的配合使用，可以杀菌消毒，改善了食物的卫生营养条件，为人类的体力和智力发育创造了有利条件。同时，发明烹饪后，加大了食源的利用率和利用范围，也提升了人类的自身防卫水平，使人类逐渐由山林迁向川原移居，最终脱离与兽为伍的环境，开始聚村而居的原始农耕生活。烹饪的发明，是人类从蒙昧进入文明的分界，是“新人”向“现代人”进化的阶梯。它对于促进生产力发展、推动社会进步有着极其重要的意义。

3. 烹饪的含义

烹饪是指人类为了满足生理需要和心理需要，把可食用原料用适当的方法加工成为食用成品的活动。其成品以能提供营养、卫生、美感为基本要求。

烹饪作为食品加工活动，由于烹饪工具、能源和加工方式等的不同，主要分为手工烹饪和机器烹饪两种形式。手工烹饪，又称为传统烹饪，是以厨师手工制作为主的食品加工活动。机器烹饪，又称为现代烹饪，是以机器制作为主的食品加工活动，习惯上也常常称为工业烹饪、烹饪工业或食品工业。

一般来说，烹饪文化是指人们在长期的饮食品的生产加工过程中创造和积累的物质财富和精神财富的总和。烹饪文化是关于人类食物做什么、怎么做、为什么做的学问，涉及食物原料、烹饪工具、烹饪工艺等。

第二节　饮食文化的范畴

一、饮食文化

1. *食事活动*

饮食文化的研究对象是人类的食事活动，其中包括了食物原料开发利用、食品制作和饮食消费过程中的技术、科学、艺术，以及以饮食为基础的习俗、传统、思想和哲学。人类的食事活动大致可分为以下五部分。

(1) 食生产。食物原料开发（发掘、研制、培育）、生产（采摘、渔猎、种植、养殖）、食品加工制作（家庭饮食、社会餐饮、工厂生产）、食料与食品保鲜、安全储藏、饮食器具制作、社会食生产管理与组织。

(2) 食生活。食料食品获取（购买食料、食品）、食料食品流通、食品制作（家庭饮食烹调）、食物消费（进食）、饮食社会活动与食事礼仪、社会食生活管理与组织。

(3) 食事象。人类食事或与之相关的各种行为、现象。

(4) 食思想。人们的饮食认识、知识、观念、理论。

(5) 食惯制。人们饮食的习惯、风俗、传统等。

人类的食事活动历史悠久、内涵丰富、复杂多样，几乎同人类文化的任何领域都有不同程度的关系，并构成了自己特定的学科领域，如原料学、烹饪工艺学、食疗保健学、营养学、餐饮服务学、饮食心理学、饮食消费学、饮食考古、饮食公共关系、饮食典籍等。

2. *饮食文化概念*

饮食、烹饪是人类生存和发展的基础，是人类文化的重要组成部分。早期人类的认知水平和劳作能力有限，食源主要依赖于自然采撷和渔猎，即靠天吃饭。

因此，古人崇尚神明，敬畏自然，讲究对天地祭拜。中世纪以后，随着生产力水平的提高，饮食发展变化越来越丰富，其承载的地域、历史、宗教等人文信息也越来越多。饮食文化内涵的发展轨迹，正如文化（Culture）一词的含义最初表示物质性的栽培、种植等，后来逐渐引申出神明、祭拜等含义，最后是对人性情的陶冶、品德的教养等。饮食文化的内涵既有物质文化内涵，也有精神文化内涵。

由于饮食、文化的范畴都很广泛，既有狭义的概念，也有广义的概念，因而饮食文化作为人类文化的一个重要组成部分也有狭义和广义之分。

从饮食的概念出发，狭义的饮食文化，是人类不断开拓食源、开发食品、制造食器、消费食物的过程，以及以饮食为基础的习俗、思想和哲学，即由人们在饮食活动中的方式、过程和功能等结构组成的全部食事的总和。因此，狭义的饮食文化实际是一种消费文化，与之相呼应的烹饪文化则是一种生产文化。烹饪和烹饪文化是饮食与饮食文化的前提，两者紧密联系，缺一不可。广义的饮食文化，则将以上两种文化内涵包容在一起，是指人们在长期的饮食品的生产与消费实践过程中，所创造并积累的物质财富和精神财富的总和。

从文化的概念出发，狭义的饮食文化，可以指人类在饮食生活中创造的非物质文化，如饮食风俗文化、饮食制度文化、饮食行为文化、饮食心态文化等。广义的饮食文化是指人类在饮食生活中创造的一切物质文化和非物质文化的总和，所以还应包括饮食资源、饮食制作、饮食产品、饮食器具、饮食卫生等。

无论从何种角度解释和理解饮食文化，本书采用的都是广义的饮食文化概念。

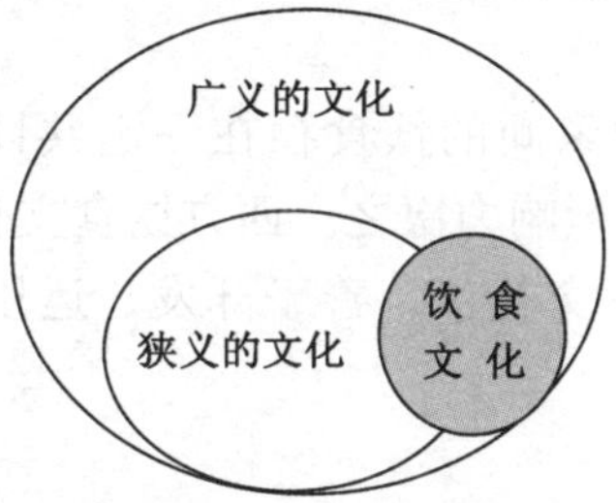

饮食与文化关系示意图

二、中西方饮食文化

英国历史学家汤因比在《历史研究》一书中提出“挑战与回应”理论，即每个民族的文化就是该民族对其所生存的环境中的挑战做出的回应。一个民族食生活原料利用的文化特点，不仅取决于它生存环境中生物资源的存在状况，同时也取决于该民族生存需要的程度和利用、开发的方式。

目前，世界饮食文化大致可分为中国饮食文化、以法国菜为代表的西方饮食文化和以土耳其菜为代表的阿拉伯饮食文化三大类。

1. 中国饮食文化

中国饮食文化具有漫长的发展历程、深厚的文化积淀和稳定的结构体系，是中国人在长期的饮食实践活动中创造出来的物质财富和精神财富的总和。中国饮食文化形成于以农业经济为主的经济基础之上，因而主、副食界限明显，饮食中以粮、谷、豆、蔬、果等植物性食料为主，辅以少量肉类、海河鲜，猪肉在肉食品中的比例较高。中餐以热食、熟食为主，进餐方式多为聚食制，使用筷箸。

总体而言，中国饮食的原料种类、烹调方法复杂多样，注重食物在色、香、味、形、器等方面的变化与和谐统一，饮食风俗按区域分布明显，在饮食养生、饮食疾疗方面有独特的理论基础，是一个以汉族饮食文化为主体，其他民族饮食文化相互兼容的大体系。

2. 西方饮食文化

从地域上看，西方饮食文化主要涉及欧洲和 18 世纪以后的北美地区。整个西方社会的基本价值观受到四种文化的影响，即希腊的思想、罗马的法制观念、日耳曼的社会观念和基督教的信仰。

饮食上表现在，西方饮食文化形成于以牧、渔业经济为主的经济基础之上，以肉、奶、禽、蛋等动物性食料为基础，膳食结构中主、副食界限不明显，牛肉在肉食品中的比例较高。西餐进餐方式多为分餐制，注重酒水的调制、品饮和餐酒搭配，进餐时使用刀叉。

总体而言，西方不同国家间的饮食存在一定共性，其中又以法国菜最为著名，俄罗斯菜和意大利菜的影响力次之。西方饮食文化受基督教影响大，尊崇女性地位，讲究餐饮格调和社交礼仪，善于开发、运用新技术和新工具，强调科学、营养和卫生。

3. 阿拉伯饮食文化

阿拉伯饮食文化可简单理解为以土耳其菜为代表的清真饮食文化，是具有鲜明宗教色彩的一种饮食文化。清真食品，在非伊斯兰国家指符合伊斯兰教教规的食物（阿拉伯语：حلال，Halaal，halāl，halal）。而在穆斯林占多数的国家，清真还可指一套生活方式，言语、行为、衣着皆受约束。

阿拉伯菜肴具有甜、香、油腻的特点，主食是玉米饼、麦饼、发酵饼、手抓饭，常以西红柿沙拉、洋葱拌辣椒、煮豆、霍姆斯酱等佐餐，肉类主要是牛羊肉，喜饮咖啡和红茶。受宗教教义影响，在食源的选取、牲畜的宰杀和饮食习惯等方面都与东西方饮食有很大不同。首先所食肉类都必须是由穆斯林、犹太人或基督徒以安拉之名屠宰的草食性动物；而动物血、未经合法屠宰的牲畜、腐尸、食肉鸟兽、酒以及一切毒品都是严格禁止食用的；教义规定处理鱼时不可以击打或横断的方式处理，否则也视为不洁不可食用。对虾、蟹及贝类等海产品部分国家地区在可食性上存在争议，但多数地区视为清真。阿拉伯饮食文化中还有独特的斋月习俗等。

第三节　饮食文化的效能

每种文化的产生和存在都有其必然的物质条件和精神条件，物质是精神的具象反映，精神是物质的创作根源。饮食作为文化的一种物质载体，体现了各地区、各民族不同的自然属性和人文属性。而饮食文化也正是一种复杂而广泛的社会现象，具有重要的社会意义和功能。

日常生活中，常会遇到不同人群对相同食源态度迥异的情况。例如，同样是牛肉，大多数地区的人们认可其可食性，但当疯牛病暴发时，或是对于素食主义者、汉传佛教徒以及印度教教徒、锡克教教徒等而言，则不可食用。另外，即便是对于已被认可的相同食源，也存在不同地区、不同民族在烹调方法和食用方式上的差异。这种对饮食认知的差异，可以简单归结为社会文化的差异。

所有人对食物的界定都是在特定文化背景下形成的。文化有差别则饮食就有差别，反之饮食有差别则文化就有差别。因此，人类的烹饪水平，以及人们对待饮食的态度等饮食文化现象，也是人类文明的标志之一。

一、生存效能

“饮食男女，人之大欲存焉”，进食是人类最基本的生理需要之一。根据现代营养学的研究，食物中的营养成分是人类生存所必需的，而且合理膳食还具有一定的预防疾病、治疗疾病、美容健体、抗老防衰的作用。

1. 补充营养

“饮食”使人得以维持个体生命的存活。现代医学和营养学研究表明，人类生长发育所需的营养物质包括碳水化合物、脂肪、蛋白质、膳食纤维、维生素、无机盐和水，其中碳水化合物、脂肪、蛋白质是人体重要的三大能量来源。膳食纤维虽不能被人体消化吸收，但能促进肠蠕动、减少便秘、增加胆盐排泄等。维生素等微量元素通常是人体生长发育所必需的，但却不能由人体自行合成的小分子有机化合物。无机盐中含有钙、镁、钾、钠、磷、铁、锌、硒、碘、铜等元素，参与诸多人体代谢的调节。

营养素在食源中的分布情况

<table>
<tr><th rowspan="3">营养素</th><th rowspan="3">食源</th><th colspan="2">成年健康人所需能量*/各营养素供能占总能量的百分比</th></tr>
<tr><th>男性</th><th>女性</th></tr>
<tr><th>2700 kcal**/d</th><th>2300 kcal/d</th></tr>
<tr><td>碳水化合物</td><td>谷类等粮食作物、蔬菜水果</td><td colspan="2">55%~60%</td></tr>
<tr><td rowspan="2">蛋白质</td><td rowspan="2">动植物体内，以肉、乳、蛋、豆类中最为丰富</td><td colspan="2">13%</td></tr>
<tr><td>80 g/d</td><td>75 g/d</td></tr>
<tr><td>脂肪</td><td>大量存在于动物性食物中，如猪、牛、羊，以及植物性油料作物、坚果中</td><td colspan="2">20%~30%</td></tr>
<tr><td>膳食纤维</td><td>粗粮、蔬菜水果</td><td>—</td><td>—</td></tr>
<tr><td>维生素</td><td>动物内脏、蔬菜水果、坚果</td><td>—</td><td>—</td></tr>
</table>

* 以中体力劳动者为例的中国居民膳食能量推荐摄入量（RNI）。

** 1kcal = 4. 18kJ。

2. 防病疗疾

在饮食发展历史中，人们逐渐发现饮食不仅解决温饱，还与人类的健康息息相关。世界卫生组织（WHO）对影响人类健康的众多因素进行评估，结果表明：遗传因素的影响居首位，为15%；膳食营养的影响次之，为13%，远大于医疗卫生条件因素（8%）的作用。

中国自古就有“药食同源”的说法和“食养食疗”的传统。食养，即饮食养生，是按照传统中医理论合理地摄入食物，以增进健康、益寿延年为目的的养生方法。食疗，又称食治，是指在中医理论指导下，有目的地选择相关饮食，或将食物与药物配合制成药膳，来治疗或辅助治疗疾病，以帮助患者康复的一种治疗手段。借助食物的滋养功效，可以达到调理、预防、延缓衰老、治疗和辅助治疗的作用。

这里还需要特别指出：一方面，饮食药膳不是药，不能代替生病吃药；另一方面，饮食养生也不是无限度的补充营养，需要遵守一定的原则。概括有四点，一是要营养全面，不偏食不挑食，合理搭配；二是要有节制，不过饱不过饥，定时定量；三是要注意饮食卫生，防止病从口入；四是要因时因人因地而宜，如春季养肝健脾，夏季清热养阴，秋季滋阴润肺，冬季益气滋肾。

二、社会效能

1. 评价社会发展

“恩格尔系数”是一个用以衡量国家或地区经济发展水平的经济学指标，是指家庭食品开支与家庭总收入的比值。根据联合国粮农组织提出的标准，恩格尔系数在59%以上为绝对贫困，50%~59%为勉强度日，40%~50%为小康水平，30%~40%为富裕，30%以下为最富裕。换句话说，一个家庭总收入中用以支付饮食的百分比越少，表明该家庭的经济水平越高。

2. 历史传承

饮食的历史传承既体现在某些特殊的食物上，如相传为纪念屈原而制的粽子或者诸葛亮泸水之战首创的祭天用的馒（蛮）头；也包括那些进食的礼仪规范，如中国传统宴席上的主客座位安排、菜肴食用的先后顺序、长幼进食顺序等，都体现着儒家的伦理精神。

除传统节庆饮食外，中国的菜系文化也是饮食历史传承性的典型体现。中国菜肴的地方风味早在西周和春秋战国时期就初见端倪，至唐宋时期初具雏形，再到明清时代形成了稳定的风味流派，其中以川菜、鲁菜、粤菜、淮扬菜最为知名，另外也有许多分支派系或者诸如宫廷风味、官府风味、清真风味等特色风味。这些风味菜肴不仅具有极强的地域特色，而且经过历史和市场的长期检验，时至今日仍具有旺盛的生命力和感染力。

3. 传递情感

各国饮食风俗常和社交、婚恋、欢聚、游乐、竞技、集市相结合，带有很强的交流性。人们通过饮宴或亲朋相聚，或交友结新，或协商洽谈，或庆贺佳节，或抒情缅怀。《舌尖上的中国》虽是一部以食物为载体的，借助画面和声音，通过旁白巧妙将不同食物串接在一起的中国饮食文化纪录片，但一经播出就引起了人们情感上的强烈共鸣，进而被冠以中国文化的名片。观众透过食材的采撷、加工、制作、保存，看到中国人的坚韧、勤劳、乐于创造，更深刻地理解中国的传统饮食文化“尊重食物、尊重生命、尊重生活”。

人类饮食行为的某些表现也可作为人类心理活动和状态的表征，如有些人会因情绪因素患上“厌食症”或“贪食症”，或者通过吃喝宣泄心中郁闷抑或表达喜悦。从积极意义上看，饮食有助于人们保持良好的精神状态。如使人有安全感，如《鲁滨孙漂流记》中再次登船返回人类社会的鲁滨孙上船后四处搜寻食物并藏起来。饮食还能使人实现“自我价值”，成为个人身份、地位、价值、品位或文化的象征。

4. 旅游娱乐

饮食的旅游娱乐是指人们在追求饮食的过程中得到享受，在饮食文化活动过程中获得快乐，并通过饮食活动了解当地的民情、民俗、民风。

在旅游市场中美食是旅游目的地推销的重要手段之一。纽约、巴黎、中国香港、东京等著名的国际化大都市无一例外的都是美食之都，这些地方米其林星级餐厅鳞次栉比，成为当地吸引客源、增加旅游收入的重要支撑。饮食作为一种旅游资源，如西安的饺子宴、洛阳的流水席、慕尼黑的啤酒节及各种美食节等，由于本身的参与性、趣味性、刺激性，以及给主办方带来的效益而受到公众的极大关注。每年诺贝尔颁奖仪式后，斯德哥尔摩市政厅都举行盛大的招待宴会，而市政厅的地下餐厅会在盛宴之后推出克隆版盛宴，招徕普通民众，并提前一周接受预约。

现代社会中，饮食的具体产品在很多情况下也是一种商品，在特定的消费层面上，还是一种具有很高"文化含量"的"艺术品"。饮食娱乐中的部分乐趣来自于审美。这种乐趣贯穿于饮食活动的全过程，无论从饮食原料、饮食器具、饮食烹饪还是饮食环境、饮食本身，人们均可从中去创造美、欣赏美、品尝美。

5. 政治情愫

在以国家政治权力为中心的古代社会，人们的饮食活动、饮食行为始终自觉或不自觉或多或少地受到社会政治的干预或改造，呈现出鲜明的政治意识形态化特征。主要表现有：

（1）将饮食行为与国家治乱相联系。如西周时期，以法典《酒诰》的形式规范了人们酿酒和饮酒的行为，并设官监督，防止因沉迷酒肉享受而误国误民。

（2）在饮食烹饪理论中寻求施政治国的经验。如商朝的贤相伊尹以做菜的道理来影射治国的道理而被商汤重用，这就是老子"治大国若烹小鲜"的出处。

（3）将饮食活动纳入"礼"的政治伦理秩序。如古人以鼎盛放肉食、以簋盛放谷物，并规定进食时天子用九鼎八簋，诸侯用七鼎六簋，卿大夫用五鼎四簋，士用三鼎二簋，平民不允许使用鼎。

（4）通过赐饮赐食或献食贿食把饮食作为笼络人心的政治手段或作为官场钻营的政治工具。

6. 科学进步

人在蛮荒时代"茹毛饮血"，但求果腹生存，待到后来食源充足，则饱食而思"新"，科技文化与饮食不断交融，饮食相关的创新也层出不穷，这包括开发新食材、新的食物保鲜保存方法、新的加工方法和烹饪方法等。随着人们对于食生产的要求和追求总在不断提高，革新中遇到的进步或困难也成了科学技术进步的助推器。

无论是现代饮食中的酒类、面包或者部分奶制品，都在公元前3000多年前已经借着最古老的科技——发酵应运而生。人类在享受自然发酵的同时也积极的展开思考和研究，慢慢发展出微生物学。当出现啤酒酸败现象后，人们成功地用微生物学理论解释原因，并给出解决方案——巴氏灭菌法。微生物学的研究不仅对食品工业有所裨益，也促进了现代医学和免疫学的发展。人类在寻求高含量酒精饮品的同时，发明了蒸馏技术，并从侧面推动了现代化工业甚至是医学的发展。

1804年，法国厨师Nicolas为适应普法战争期间法国海军高温并长时间在海上航行的需要，发明了以广口瓶装食物，轻塞瓶口后煮沸30～60分钟，最后塞紧瓶口的存储食物的方法。这一发明，于1810年得到拿破仑亲自颁发的12000法郎的奖励。这一应用例证了法国人巴斯德提出的“若能排除空气中不可见的微生物，那么动物和植物就能无限地保存下去而不腐化”的理论，也为后来大规模食品罐头工业的发展打下了基础。

中世纪的欧洲，食用面包的颜色体现了不同等级的阶层。普通大众食用粗糙裸麦制作的黑面包，随着地位阶层的提高，面包的颜色越白，对应使用的面粉精制程度也越高。在很长一段时间里，白面包都是上层权贵才能食用的奢侈品，或者只用于教堂仪式。普通大众为提高生活品质，开始发展水推磨和用驴马推动的面粉搅拌机。到19世纪，面粉加工机械得到很大发展，小麦品种也得到改良，大部分人才得以吃到这种软滑洁白的面包。

学习重点

1. 广义的饮食包括三部分含义：一是饮食原料的加工生产，即制成产品的过程；二是制成的产品，即饮食物；三是对饮食品的消费，即吃和喝。

2. 烹饪是指人类为了满足生理需要和心理需要，把可食用原料用适当方法加工成为食用成品的活动。

3. 饮食文化的研究对象是人类的食事活动，其中包括了食物原料开发利用、食品制作和饮食消费过程中的技术、科学、艺术，以及以饮食为基础的习俗、传统、思想和哲学。

4. 掌握烹饪诞生的过程、条件和意义。

学习难点

食物为人体提供营养，就如同汽油燃烧提供动力。简单地说，食物中的营养包括水、供能物质（碳水化合物、蛋白质、脂肪）、微量元素（维生素和矿物质）和纤维素。人体利用这些营养物质一方面帮助大脑发育、进行学习思考、完成身体成长和活动等，另一方面，在不同情景下进行的饮食行为又兼具沟通交流、维系社会关系、情感表达或历史风俗传递等作用。在这些饮食行为的基础上，人们完成了社会精神文明的塑造和物质文明的创造。

虽然食事活动从古至今被日复一日地重复着和革新着，但人们对它的认识却不够深入，有时甚至存在错误的理解。进行本章学习时，学习者应在教师的引导下加强对周围食事活动的观察和思考，深入挖掘和理解饮食文化的社会效能，理解饮食文化作为一种人的生存根本、社会发展标志、习俗传承载体和社会活动因子对人类文明的推动作用。学习者应该具备一定的判断和分析饮食文化现象的能力。

课后练习

1. 人类的饮食文明，经历了生食、熟食、__________3个阶段。
2. 世界饮食文化的主要类型按照板块论可划分为：以中国菜为代表的东方饮食文化，以法国菜为代表的西方饮食文化和以__________为代表的阿拉伯饮食文化。
3. 简述烹饪诞生的条件。
4. 简述烹饪诞生对人类生活的影响或意义。
5. 结合本章内容，谈谈你对“饮食文化”的理解。

课外阅读与思考

米其林餐厅指南

《米其林指南》（Le Guide Michelin）是法国知名轮胎制造商米其林公司出版的美食及旅游指南书籍的总称，诞生于1900年的巴黎万国博览会期间。其中以评鉴餐厅及旅馆的书皮为红色的“红色指南”（Le Guide Rouge）最具代表性，有时《米其林指南》一词特指“红色指南”。除了红皮的食宿指南之外，还有绿色书皮的“绿色指南”（Le Guide Vert），内容为旅游的行程规划、景点推荐、道路导引等。

第一版《米其林红色指南》是由米其林轮胎公司印制给司机作为行路指南的小册子，包括寄存、车辆维修、住宿、餐饮等汽车旅行的资料，免费供客户索取。这种免费索取一直持续到1920年，米其林兄弟偶然间注意到他们费心制作的指南手册被维修厂员工当作工作台的桌脚补垫来用，因而意识到免费提供的书籍反而会被人视为没有价值的东西，所以决定从当年开始取消免费提供，改为贩售。1926年《米其林指南》开始将评价优良的旅馆特别以星号标示，并在1931年开始启用3个星级的评定系统。现在，《米其林红色指南》在每年三月的第一个星期三出版，推荐的餐厅和旅馆涵盖全球，具有多语种和国家版本，总发行量超过150万本。在线版本等资讯可查询 http：//www. viamichelin. com。

《米其林指南》上的餐馆等级非常明确（表1）。要想被列入指南，首先要参与该指南对餐馆的基础品评，这种评定表现在餐馆的舒适度，以“一副刀叉”作为标记，从最高级的5副到1副不等。在此之上的评选，将综合考量产品的品质（Quality of the Product）、食物味道和烹调情况（The Mastery of Flvor and Cooking）、菜色个性（The Personlity of the Cuisine）、物超所值（The Value of the Money）、评鉴有效期内菜品品质的稳定性（Consistency Between Visits）等因素，才会有米其林星级（一颗星到三颗星）。

表1 米其林指南基础评定标准

米其林餐厅标志	餐厅评价	
三星	“值得特别安排一趟旅行”去造访的餐厅，有着令人无法启怀的味道，精致上佳的佐餐酒，零缺点的服务和极雅致的用餐环境	Exceptional cuisine, worth a special journey
二星	“值得绕远路”去造访的餐厅，有一流的厨艺，提供极佳的食物和美酒搭配	Excellent cooking, worth a detour
一星	“值得”去造访的餐厅，是同类饮食风格中特别优秀的餐厅	A very good restaurant in its category
五副刀叉	豪华餐厅	Luxury Restaurant
四副刀叉	顶级舒适的餐厅	Top Class Comfortable Restaurant
三副刀叉	很舒适的餐厅	Very Comfortable Restaurant
二副刀叉	舒适的餐厅	Comfortable Restaurant
一副刀叉	还算舒适的餐厅	Quite Comfortable Restaurant
米其林轮胎先生头像	米其林推荐的地道小馆（Bib Gourmand），这里有价格合理的美食（Good food at moderate price）	

米其林餐厅的评选一向以中立可靠的评价著称，采用匿名拜访、不事先告知餐厅和不同人多次秘密测试等方式。法国高档餐厅的餐厅经理和主厨也都会对单身订位用餐的陌生人格外留意，因为这些评鉴员都是以个人身份进行工作，而且只有在告诉餐厅他要看厨房或餐厅其他设备的时候，身份才会曝光。评鉴员在一

次拜访和评鉴后，随后的若干年里都不允许再次出现或评鉴该餐馆，以此确保下一次检查的公允。评鉴员的工作是全职的，但其身份要对公众，甚至是家人都严格保密。在进行定期与不定期的暗访时，如果监察员感到餐厅菜品品质有所下降或能够胜任客人更高要求，会对餐厅星级进行相应调整。

评上星级，尤其是三星级餐厅，对一家餐馆和主厨来说是无限的荣耀和极高的经济效益。对于仅有叉匙标识的餐厅，每一年半到两年才会有一次评鉴，而一到两颗星的餐厅，每年要接受15次的匿名重复评鉴，三颗星餐厅则更多，因为三颗星不但象征绝对完美的美食，也是指不会犯任何错误的主厨或餐厅，荣誉与压力并存。2005年全世界的米其林三星级餐厅有45家，2012年升至106家(表2)。

早期的米其林餐厅评定仅限于欧洲大陆，直到2005年年底米其林公司才出版了第一本《米其林餐厅指南——美国指南》，涉及500家餐厅（集中在纽约）和50家酒店（仅限曼哈顿地区）。随后推出的有《米其林指南——东京篇》(2007)，《米其林指南——香港、澳门篇》(2008)。截止到2013年，《米其林红色指南》已出版印刷14次，餐厅涉及23个国家或城市（表2)。

表2 部分国家/城市米其林星级餐厅分布概览

国家/城市	三星	二星	一星	指南
法国	26	83	485	2012版
德国	9	32	208	2012版
意大利	7	38	250	2012版
西班牙/葡萄牙	8	17	134	2014版
英国/爱尔兰	4	21	142	2015版
比利时/卢森堡	3	16	99	2012版
瑞士	2	18	76	2012版
荷兰	2	16	84	2012版
巴黎	10	17	50	2012版
伦敦	2	7	46	2012版
芝加哥	2	3	19	2015版
纽约	6	10	60	2016版
旧金山和湾区	5	7	38	2016版
京都/大阪/神户/奈良	15	61	224	2012版
东京/横滨	17	57	219	2012版
中国香港/澳门	5	13	51	2012版

资料来源：https：//en. wikipedia. org/wiki/Michelin_ Guide。

第二章

中国饮食发展演变

【本章目标】

学过本章之后，你应该能够

- 了解中国饮食文化各阶段的社会背景和划分依据。
- 了解中国饪食器的发展与文化承载。
- 理解中国饮食文化圈和菜系说的异同。
- 掌握中国烹饪技术体系发展过程中的重要转折点。
- 掌握中国主要菜系的风味特点及代表作。

自从人类能够同时应用火、陶器和调味品来烹制食物，国人就用智慧巧妙地从自然界发现美味、创造美味、传递美味。在中华民族漫长的发展历史中，不同时期的烹饪原料、器皿、工具、技艺和活动一直在不断革新变化，与时俱进。中国饮食文化在漫长的发展历程中，积累了深厚的文化内涵和工艺技术，形成了稳定而特色鲜明的结构体系。

第一节 中国烹饪文化发展历史和特点

我国夏代以前漫长的原始社会时期是中国烹饪诞生的阶段，或者称为中国饮食文化的萌芽阶段。先民通过发现火、认识火并最终运用火，完成了从猿到人、从生食到熟食的转变。此后，中国饮食文化的演变即可分为形成阶段、发展阶段、成熟阶段和现代阶段。

一、中国饮食文化萌芽阶段的特点

中国饮食文化的萌芽阶段，人类通过渔猎和采撷的方式直接获取自然生长的动植物。此时北方地区（半坡文化遗址）以食用粟（小米）、黍（黄米）为主，而南方地区（河姆渡文化遗址）的主要粮食作物则为粳稻、籼稻。萌芽阶段的调味品，初以天然的野蜜、酸梅、岩盐居多，直到新石器时代晚期（仰韶文化）开始煮海为盐，用盐调味。同时，因陶制容器具有不漏水、耐高温、耐酸腐蚀的特性，一些发酵产品的雏形也应运而生，如酒、醋、酱油等。

中国饮食文化的萌芽阶段，人类完成从生食到熟食再到烹饪的跃进，随着生产工具的进步，烹饪方式也由火烹逐渐过渡到石烹和陶烹。

火烹，即将食物直接置于火上进行熟制。例如，燔和炙均是将食物直接放在火上烧烤，而炮则是在食物外表涂上泥土或用树叶、树皮包裹后再置于火上烧烤。

石烹，是利用中介传热，以使食物的受热更为均匀，而不致烤焦。例如，焗是将食物埋入烧热的石子堆中，最终使食物成熟。再如，石煮是在挖好的坑底铺垫兽皮，然后将水注入坑中，再将烧红的石子不断地投入水中，至水沸而使食物成熟。

陶烹，是以陶器作为盛器而进行的烹饪活动。如烹，即为用水煮食物。陶器的发明是人类发展史上，也是饮食烹饪史上划时代的标志。人类在劳作中发现被火烧过的黏土变得坚硬如石，不仅能够保持火烧之前的形状，而且不易水溶。因此，人们在荆条筐的外面抹上厚厚的泥，风干后放入火堆中烧，待取出时里面的荆条已化为灰烬，剩下的便是形如荆条筐的坚硬之物，这就是最早的陶器。在距今7500~8000年前的磁山文化中，发现有陶鼎；在河姆渡文化、仰韶文化、大汶口文化、良渚文化、龙山文化等遗址中也都发现了大量的陶制饪食器、食器和酒器。

二、中国饮食文化形成阶段的特点

从夏朝到春秋战国时期的近2000年，是中国饮食文化的形成阶段。夏商周时期，虽然生产力水平有限，但统治者对农牧业都非常重视，不仅通过问卜、祭祀等活动祈求丰收，更能亲自参与耕种以示重视。此时，由于青铜器的普遍使用，生产力逐步提高，农牧业已经初具规模。春秋战国时期是我国历史上的大变革时代，各诸侯国为了富国强兵，都优先发展农耕，齐国国相管仲在《管子》中云“农事胜则入粟多，入粟多则国富”。

中国饮食文化形成阶段主要奠定了中国食礼规定下的饮食结构。其一，每餐分别由“食”和“饮”构成，“食”为主食，“饮”分为“水、浆、醴、凉、醫、酏”（《周礼·天官·浆人》）。其二，社会阶层与饮食规格相对应，士大夫以上的阶层除“食”“饮”外，还有以牲肉烹制的“膳”。

1. 烹饪原料的特点

烹饪原料中有了“五谷”“五菜”“五畜”“五果”和“五味”的概念。除粮食作物五谷齐备外，蔬菜有萝卜、白菜、盖菜、豌豆苗、苋菜、荠菜、韭菜、苦瓜、芜菁、竹笋、紫苏、莲藕、蒲菜、青蒿等。此时人类还能够采食草菇、土菌、苓耳（木耳）、石衣（石耳）等野生菌菇。《夏小正》和《山海经》中记载，夏商周三代时的水果已有桃、杏、枣、梅、地桃（猕猴桃）、海棠、梨、沙果、李、山楂、橘、板栗、柚等。特别需要注意的是，此时的水果已不再是一般的果腹充饥之物，而成为上层社会饮食中具有休闲特征的食品，这说明人们的生活较原始时期已有很大改善。

与植物性原料相比，动物性原料则仍保持渔猎为主、养殖为辅。一方面是因为当时养殖的能力和规模还十分有限，另一方面是因为宗教祭祀活动对肉类食物的需求仍然十分可观。据甲骨文记载，商代自由民的住房特征是楼上住人，楼下养畜。这种房屋结构可使牲畜防寒免盗，便利饲养，而这种生活圈养方式，在我国许多少数民族或山区依然保留至今。由于肉类食物中的大部分仍来自于渔猎，所以人们食用的肉类种类也非常复杂，包括牛、羊、猪、狗、马、鹿、象、虎、豹、狼、狐、狸、熊、羚、兔、鸡、鸭、鹅、鸽等和多种鱼类。

2. 调味料的特点

《周礼·天官·膳夫》中记载当时供周王进餐的酱类已达 120 种之多，据此可知中国饮食中对味型的追求以及对调味品的创造已初见端倪。

自夙沙氏煮海盐以来，盐已成为人们生活中的必需品，到夏商周，除晒制海盐外，人们还懂得了池盐和开采岩盐。《礼记·曲礼》中记载："进食之礼，脍炙处外，醢酱处内"。醢（hǎi）是以肉类为原料制成，先将肉曝干切碎，后加以盐，渍以酒，即肉酱。制醢可抑制微生物的繁殖以延长肉类的保存期，用于制醢的动物肉来自猪、牛、鹿、鱼、兔、雁、蜗牛、蚌蛤等。而酱是指以豆类为主料，加适量麦麸、淀粉、盐、粮等配料，利用毛霉菌的作用发酵而成。

当时的调味品还有醯（xī），即醋，是在酿酒业发展过程中出现的新型调味品。三代时期所使用的甜味调料还有枣、栗、饴糖、蜂蜜；香辛调味料有秦椒、花椒、姜、桂、蓼、芗、菲、葱、蒜等。众多调味品的使用，为这个时期烹饪风味的形成起了重要作用。

3. 烹饪工艺的特点

中国饮食文化的形成阶段，先民通过长期饮食生活实践，在对烹饪原料的选取加工、合理配伍、刀工技术、烹调方法等方面，都有了细致的总结。

首先，随着烹饪工具的改进，烹饪效率得到提高。《墨子》中有这样的描述："灶心为屏，突出高屋四尺。"由地灶发展为用砖垒成的高灶，高突灶具，便于通风，火力更旺，更有利于火候的掌握，还有防火的作用，也更加卫生。《吕氏春秋·本味》一书记载："凡味之本，水最为始，五味三材（水、木、火）

相互影响，多次混腾，多次变火，可用火调节，时用猛火，时用文火，要灭腥臊去膻味，关键就在于火候和调味的掌握是否得当，请不要忘记这个道理。”可见当时人们对烹饪过程中火候的重要性，以及对火候的调节和掌控都有相当的认识。

其次，夏商周时期宫廷普遍设立食官，配置御厨，周代还为周天子配置“食医”，明确了“食疗、食养”的概念。先人已经认识到根据自身特点及相生相克关系，对烹饪原料进行季节性的合理搭配。如《礼记·内则》云：“脍（炒肉丝），春用葱，秋用芥；豚，春用韭，秋用蓼；脂用葱，膏用薤；三牲用藙，和用醯，兽用梅。”

再次，随冶炼技术的提高，烹饪刀具更为锋利，刀工技术也日趋成熟。这时期对牲体的分割有“七体”“九体”和“二十体”之分，就是把动物体分别分割为七块、九块和二十块。《庄子》中的著名寓言故事“庖丁解牛”，生动描述了庖丁宰牛时出神入化的分解技术，反映了当时人们对厨师刀工技术的理想化要求。又如《礼记·内则》云：“取牛肉必新杀者，薄切之，必绝其理”，也反映了当时厨师对刀工技术重要性与技巧性的认识。

最后，创新食物加工方法和烹调方法。此阶段，先人陆续发明创造的原料加工方法有制作米粉、豆芽、谷芽、干菜、腊、脯、干鱼、腌鱼等。在烹饪技法上，出现了红烧、醋烹、烹汁、炖、羹法等。《礼记·内则》中记载有“滫瀡以滑之”，此即为现在的勾芡，可令菜肴更滑爽。当时使用的勾芡料有稻面、榆面、堇、粉等。此时进行煎炸使用的仍是牛脂、羊脂、狗脂、猪脂等动物性脂肪。

三、中国饮食文化发展阶段的特点

从公元前221年的秦代到907年的唐代，是中国饮食文化发展壮大的重要时期，属于承上启下的阶段。此时，中国烹饪在数次大移民、民族大融合、文化重心大迁移等一系列客观刺激中，得以广收博采各民族美食之精华。

发展阶段的初期，即汉朝建立后，统治者推行“重农抑商”的政策，大兴水利，使农业生产水平得到了很大提高。隋唐时期外交的活跃，饮食文化交流频繁，促进了南北各民族饮食文化的大交融、大繁荣。其中较为重要的交流有文成公主和亲西藏，带去了中原的烹饪原料和方法，如制碾、制磨、种蔬菜、酿酒、打制酥油等；伊斯兰教清真饮食随阿拉伯人传入大唐中土；佛教自东汉传入中国后，因南朝梁武帝崇佛吃素而逐渐形成了寺院素食风味，西汉时期豆腐的发明，更是丰富了素食饮食文化。

1. 烹饪原料的特点

汉代，不仅南方水田面积扩大，中原也逐渐引进水稻种植技术，打破了水稻种植仅限于长江流域的局面，使水稻的产量迅速提高。到了唐代，粟类“五谷之长”的地位已受到南方地区的稻类和中原地区的麦类的挑战，人们饮食生活中粮食的结构发生了变化。

秦汉时期开始利用温室培植蔬菜，将一部分野菜转为人工栽培，如蘑菇、百合、莲藕、莼菜等，并在培育过程中开发出部分新的蔬菜变种。汉代经过张骞出使西域，开辟丝绸之路，大量异域菜种传入中国，如胡葱、胡蒜、黄瓜、莴苣、菠菜、胡椒、茄子等，极大地丰富了这一阶段的蔬菜品种。

这一阶段的动物性烹饪原料也发生了改变。一是肉类食物在整个膳食结构中的比重较前一阶段加大，二是不同肉畜种类，特别是羊和猪在肉食品种中的地位更为重要。虽然畜牧和水产品的养殖技术有所提高，但狩猎仍是这一时期人们肉类食物原料的重要补充途径。

魏晋南北朝时期，是我国各民族大交流、大融洽时期，从西亚和新疆传入烤肉及各种面食，南方向北方输入叉烧、腊味等，不但扩大了食源，也丰富了我国的烹饪技术。

2. 烹饪工艺的特点

汉代对灶、炉等饮食设备进行了许多改良，如多眼陶灶可同时煮饭、炒菜、烧水，节能省时；而“深曲通火”的曲突炉灶，既安全，又拔风起火，效率进一步提高。烧炉的燃料中还开始添加了煤与石油。秦汉之后，铁器逐渐取代铜器，出现了铁质的农具，还生产有铁刀。铁质灶具较铜制品更耐高温，为高温烹制菜肴创造了新条件。夏商周时多用石臼和木杵粉碎谷物，汉代以木锥替代木杵，可大量生产面粉和米粉，且成品更精细。

在烹调技法方面，蒸、煮、炮、炙技术不断提高，而且随着魏晋南北朝开始生产并在烹调中使用植物油后，中国烹饪技法中的“炒”也被发明出来。这种烹调方法几乎适用于一切菜肴原料，而且变化甚多，如煎、溜、爆、滑等。进而，烹饪工作出现两次大分工，先是制作菜肴的红案与制作主食的白案分开，南北朝时期北方的面食非常盛行，此后红案再分出了案子和炉子两个工种，这些变革都有利于厨者明确专攻，提高技艺。

四、中国饮食文化成熟阶段的特点

从北宋建立到清朝灭亡，中国传统饮食文化在各方面都日益完善，这是中国饮食文化发展的成熟阶段。这段时期，中国经济文化重心出现了3次南移，即永嘉之乱、安史之乱和靖康之变，中国饮食文化也相应地出现了重心调整，而自元代起，少数民族不断南迁主政中原，少数民族与汉族之间的融合更为明显。

1. 烹饪原料的特点

成熟阶段的烹饪原料丰富而且广泛，人们对原材料进一步优化和利用成为这一时期烹饪原料开发利用的主角。据明代宋诩记载，明代弘治年间的烹调原料已达1300余种，从外域引进的作物有玉米、甘薯、花生、番茄、辣椒、土豆、南瓜、四季豆等。蔬菜种植技术大大提高，有陆地种植、保护地种植、沙田种植、真菌寄生养殖等。此时，一些名贵的山珍海味，也都经过脱水处理供应市场，如海产品中的海蜇、海蟹、乌贼、鱼唇、鱼肚、玳瑁、对虾、墨鱼、蚝肉，内陆的发菜、虫草、蚂蚁、蜗牛，以及象鼻、驼峰、熊掌、豹胎、狮乳、雀舌、燕尾、燕窝、鱼翅、海参等珍贵食材，成为脍炙人口的美味。

此时，同一原料中也有多种不同的品种可供选择。以鸡为例，有骁勇狠斗的竞技鸡、啼声洪亮的司晨鸡、专制汤菜的肉用鸡，以及形貌怪诞、可治女科杂症与风湿诸病的乌骨鸡等。在妙用原料方面，厨师们还总结出一料多用、废料巧用和综合利用等经验技巧。如通过分档取料和切配加工，借助不同的烹调方法，就可以用猪、羊、牛等肉类原料分别烹制出全猪席、全羊席或全牛席。或者将烧饭过火而结于锅底的焦饭，制成“白云片”“锅粑海参”等风味独特的菜肴。

在油、茶、酒方面，市场上也是琳琅满目、应有尽有。唐代的植物油，有芝麻油、豆油、菜籽油、茶油等类别；宋代的茶，有龙、风、石乳、胜雪、蜜云龙、石岩白、御苑报春等珍品；元代的酒，则包括阿剌吉酒、金澜酒、羊羔酒、米酒、葡萄酒、香药酒、马奶酒、蜂蜜酒等数十种。

2. 烹饪工艺的特点

据明代宋诩记载，明代万历年间，烹饪方法竟达一百种之多，如炙、脯、腊、醢、脍、朐、脔、鲭、膊、鲝、鲜、醒、醐、绺蒸、馅、酥、乳腐、泔、汁、淬、烹、煮、炮、爆、烘、煎、燔、熟、腌、酿、炖、溲、煨、烙、调和、炒、熏、炊、烂、蒸、炕、焊、熬、酝等。从这些名目繁多的烹饪术语中，可以看出当时的烹饪水平和人们对饮膳的追求。以现今常用的挂糊上浆为例，在元代即已有“染面煎”的做法，到了清代更是以蛋清和植物淀粉为之，与现在的做法基本相同。而吊汤技术，通过制作虾汁、蕈汁、笋汁等以提味，是明代厨师的基本技能之一。

在把握火候和调味方面，《饮膳正要·料物性味》中记载元代的调味品已有30种之多，明代厨师则以“文”“武”形容火候，到了清代更是将油温成色分为十级。自宋元开始，厨师即在烹饪过程中尝试复合味的调味方法，清代后期更是将番茄酱、咖喱粉等用于调味。此时，现今常见的大多数味型都逐渐定型，如姜豉、五香、麻辣、蒜泥、糖醋、椒盐等。

餐饮业空前繁盛，饮食市场上出现了如《东京梦华录》形容的那样：“集四海之珍奇，皆归市易，会寰区之异味，悉在庖厨”的繁盛景象。高级酒楼多在闹市，茶馆酒肆分级划类，高低贵贱应客所需，饮食摊贩走街串巷，方便住户送货上门。并且夜市大兴，据《东京梦华录》记载："夜市至今三更近，才五更又复开张，如要闹去处，通晓不绝。"凡此种种，奠定了我国饮食市场传统的模式，其影响直至今日。

各种菜品也不断推陈出新，品种繁多。我国现存的1000多种历史名菜大都诞生在明清两代，孔府菜、谭家菜、宫保菜、鸿章菜等也都是在这一时期形成的，并以殊风别韵饮誉食坛。金陵叉烤鸭、套禽、佛跳墙、龙虎斗、换心蛋、罗汉斋、虫草金龟、青州全蝎、一品官燕、白扒鱼翅、蟹黄狮子头、雪梨果子狸等名菜，至今仍深受人们喜爱。名目繁多的华美大筵在这一时期达到了巅峰，包括：全龙席、全凤席、全虎席、全麒席、全羊席、全鱼席、全蛋席、全藕席等。至于皇家大席中的千叟席、除夕宴、满汉燕翅烧烤全席等更是排场惊人。

另外兴起的还有工艺菜，即追求菜肴的外观美。当时流行的名馔有镂金龙凤蟹、雕酥、九牙盘食、五牲盘、玲珑牡丹鲊以及七返糕、生进二十四气馄饨等。据《清异录》记载，有一尼姑能用各种食品摆出诗人王维的"辋川图二十景"，每盘一景，每客一份，若坐满二十人，便可合成辋川全景，充分展示其精湛的刀工和深厚的文化修养。

五、现代中国烹饪文化

中国饮食文化的现代时期是指1911年辛亥革命后至今，又可分为民国时期和1949年新中国成立之后两个阶段。1924年末代皇帝被逐出紫禁城后，一些宫廷御厨流落民间，1925年北海公园对民间开放，于是就有御厨在公园北岸开办了"仿膳饭庄"，专营宫廷菜点，如通天鱼翅、一掌江山、乌龙吐珠、抓炒鱼片、鹿茸三珍、豌豆黄、芸豆卷、小窝头等。同时期走向民间的还有谭家菜，谭家菜是清代后期著名的官府菜，出自清末官僚谭宗浚。民国期间，因家道败落，才将谭家菜用饭馆经营以补家用。谭家名菜有黄焖鱼翅、清汤燕菜、蚝油紫鲍、扒大乌参、黄酒焖鸭、银耳素烩等。

清代的满汉全席等宫廷宴会的特点是排场大，菜品繁多，礼数繁缛。民国以后，改"满汉全席"为"大汉全席"，菜品也由原来的108道，变为"八大八小席""八大件席"等。据当时的记载，"八大八小席"的菜品包括：八大——红烧大鲍翅、烤乳猪全体、棉花炖仔鸡（棉花意指鲍参翅肚中的鱼肚，即鱼鳔。如粤菜酒楼中常有一道菜名"棉花鸡"，即鱼肚蒸滑鸡）、扬州八珍鸭、京扒白鸽蛋、清蒸大银鳊、桂花耳鸭、虾子扒婆参；八小——蚝油网鲍片、干煎明虾碌、生炒水鱼片、响爆螺球、玉簪田鸡腿、百花瓤鸭掌、核桃鹌鹑脯、蒜苗滑鸡条；四热菜——琵琶燕窝、烧云南火腿（烧云腿，云南名肴之一）、金银肾球、翡翠鹊片；甜品——鲜奶甜橙露、咸甜小点心。"八大件席"包括：八大件——清汤底翅、橙皮扒大鸭、鲜笋炒甘南、荔枝拌火鹅、奶油菜胆鸡、红菱乳鸽脯、什锦冬瓜盅、虾子扒鲜菇；两大热荤——夜合虾仁、香芽鸭掌；甜品——鲜莲杏露、甜点一款；二京果、二生果、伊府面九寸、炒饭大鼎。从以上菜例可以看出民国时期宴会的菜品安排更实用，也适宜人数较少的便宴。

1949年新中国成立以来，随着国民经济的恢复和发展，烹饪行业也得到了稳步的发展。尤其是一些老字号的饭庄和酒楼在50年代初得以恢复和发展。自20世纪80年代改革开放以来，烹饪业得到迅速的发展。全国范围内陆续开办了烹饪院校，进行职业教育，培养新型厨师；设立烹饪技术培训站，为在职厨师提供进修培训；制定等级标准，要求厨师持证上岗；编写各种烹饪教材，出版烹饪书刊；1987年成立中国烹饪协会，组织召开中国烹饪学术研讨会、举办烹饪技术比赛等。

第二节　中国饮食文化的区域性

一、中国饮食文化圈

1. 饮食文化圈的概念

饮食文化圈是由地域、民族、习俗、信仰等原因，形成的具有独特风格的饮食文化区域。每个饮食文化区是具有相同饮食文化属性的人群和其所共同生息依存的自然与文化生态地理单元。

中国饮食文化研究所所长赵荣光用十二个饮食文化圈表示中国饮食文化的地区性差别，涵盖了绝大多数的国土，是较为全面的论述。这十二个饮食文化圈是：东北地区饮食文化圈、京津地区饮食文化圈、中北地区饮食文化圈、西北地区饮食文化圈、黄河中游地区饮食文化圈、黄河下游地区饮食文化圈、长江中游地区饮食文化圈、长江下游地区饮食文化圈、东南地区饮食文化圈、西南地区饮食文化圈、青藏高原地区饮食文化圈、素食文化圈。

2. 中国饮食文化圈的特点

（1）东北地区饮食文化圈

东北地区土地肥沃，草场优良，平原广阔，五谷杂粮与山货水产都很丰富，但冬季寒冷漫长。历史上这片土地长期生活着满族、蒙古族、鄂伦春族、朝鲜族等少数民族，游牧狩猎是他们的主要生活方式。

人们好食炖菜，摄取高热量的动物脂肪，以御寒冬。由于缺少新鲜蔬菜，当地人有吃生肉、葱蒜、冻食和腌菜的习惯。生肉、冻菜、冻水果可帮助补充维生素；葱蒜可以帮助消化杀菌，消除吃生肉的不良后果；寒冷的气候使冬季缺少新鲜蔬菜，腌菜、泡菜、酸菜占了很大比重。自清中叶以后，关内大量移民涌入东北开荒垦殖，农业取代游牧业和采集业成为主要生产方式。整体口味特点为咸重、(葱蒜的）辛辣、生食。

(2）中北地区饮食文化圈

中北地区主要集中在内蒙古，但在东北和西北地区都有较深的文化交叉，是典型的草原文化类型，以游牧和畜牧为主要生产方式。人们普遍喜食畜肉、奶制品，口味以咸重为主，几乎不吃蔬菜；喝热奶茶，畅饮烈酒。整体而言，物产单一，膳食结构不够合理。自元代以后，一些地区发展屯田，时至今日汉文化的影响仍十分明显。农区以粮食为主，奶食为辅；但牧区仍以牛羊和奶食为主，粮食蔬菜为辅。

(3）西北地区饮食文化圈

西北地区的饮食文化受自然环境和宗教因素的影响非常明显。

西北地区有优良的天然草场，从西汉至清朝中叶，这里基本上以畜牧业为主，农业种植香辛料较多。食物结构较简单，过去基本不吃蔬菜，但人们爱吃烤肉，佐以孜然、辣椒粉等调味品，口味咸重。

西北地区地广人稀，少数民族众多，伊斯兰教在唐末至北宋时期成为这里的主要宗教，这对当地人的食物禁忌、进食礼仪等都产生了深刻的影响。新中国成立后，由于农业比重的增加，粮食蔬菜成了日常食物，饮食结构也发生了一些变化，整体口味以咸为主，辅以适当的干辣（椒）和香辛料。

(4）黄河中游地区饮食文化圈

北宋以前，黄河中游地区（西安—洛阳—开封一线）一直是中国文化的中心地带，因而农业开发最早也最完善，各种牲畜和谷物都有，属于五谷杂粮并食区，家蔬野果等植物性食物也十分丰富。但由于过度开发，土地承载力逐年下降，加上各种灾害、战乱，使得这一地区的饮食文化除了少数上层社会的奢侈消费外，大多数人们仍保持节俭朴素的生活传统。

黄河中游地区的面点小吃品种繁多、极具特色，尤以陕西、山西最具代表性。陕西小吃多反映关中人的厚道和豪放，如油泼辣子、面条像腰带、烙饼像锅盖、羊肉泡馍的海碗如盆等。山西面食则品种繁多，素有“一面百样吃”之誉，用料广泛，制法多样。整个黄河中游地区口味强调酸辣、味重，但又比东北和中北地区稍淡。

(5）京津地区饮食文化圈

自元明清三代以来，蒙古人、汉人、满人先后在此建都，北京成为政治、经济、文化中心。天津是漕运、盐务和商业发达的都会，与北京共同构成经济一体和京畿文化。

古代京城聚集着诸多衙属、官吏、驻军、乐医百工、普通市民，汇聚了众多民族，形成了五方杂处的局面，因此饮食的层次性和变化性也特别明显。从皇宫御膳、贵族府宴到市井小吃，形成了全国特有的层次性饮食文化，政治经济对饮食风格的影响远超自然环境。食料以周边地区为主，辅以全国各地精华物产。北京菜品种类复杂多元，以满汉全席达到极致，口味以咸香为主，兼容并蓄八方风味。

（6）黄河下游地区饮食文化圈

黄河下游地区属于齐鲁文化圈，有着丰富的历史文化积淀，受儒家思想影响至深，饮食讲究平和正统、大味必淡的至味境界。山东半岛食料广泛、水陆杂陈，五谷蔬果、鱼盐海味等都很丰富，为其成为四大菜系之一提供了基础。山东百姓爱吃煎饼和玉米饼子，卷葱抹酱，或以蒜泥拌生菜，别有风味。山东大葱蘸酱的吃法后来也被上层社会和宫廷所接受。无论富贵贫贱之家，每饭必具葱蒜，具有典型的山东特色。因此，区域整体口味特点为咸鲜、味正、葱蒜的辛辣。

（7）长江中游饮食文化圈

长江中游地区以低山和平原为主，境内河网交织，湖泊密布，雨水充沛，四季分明，稻米水产和畜禽果蔬都很丰富。这里深受楚文化的影响，但经过2000多年的发展，其内部又形成了江汉文化和湖湘文化，表现在饮食文化上也略有侧重。

湖南的口味偏重于酸辣，以辣为主，酸寓其中。湖南多山区和僻湿之地，常食酸辣之物有祛湿驱风、暖胃健脾之功效，而且，由于古代交通不方便，海盐难以运进内地山区，人们爱以酸辣之物来调味，因而养成了偏爱酸辣的饮食习惯。江西与湖南的饮食口味较为接近。而湖北“九省通衢”，淡水鱼虾资源丰富，形成了饭稻羹鱼的特色，口味也以咸鲜、微辣为主。平原地区吃辣程度不如山区强烈。整体而言，口味为酸辣和微辣，但辣的程度不如西南地区。

（8）长江下游地区饮食文化圈

长江下游地区是我国著名的鱼米之乡，河湖密布，稻米水产丰富。战国时期形成地域特色鲜明的吴越文化，并深受其影响。自三国孙吴政权后，人们已有喜爱甜食的习惯。唐宋以后，中原经济文化中心向该地区转移，到明清时已成为最繁荣的地区，发展出扬州、南京、苏州、上海、杭州等许多不同的饮食风味。

本区域饮食强调精致细腻，注重色形味质，讲究饮食环境的韵味，擅长糕点小吃制作，瓜果雕刻技冠全国，多有灵气，给人物质和精神上的双重享受。长江下游的淮扬菜是我国四大菜系之一，口味清淡、适口，强调原料的本味，主料突出，刀工精细，肉类菜肴名目繁多，居各地方菜之首。

(9) 西南地区饮食文化圈

西南地区除了四川盆地等历史上开发较早的发达农业地区以外，大部分地区是高山峡谷，地域封闭，交通不便，不同地区的文化联系也很薄弱，中国有一半以上的少数民族都分布于此。

西南山区土地贫瘠，产量较低，在坝区和河谷地带多种稻米，山上以玉米为主。由于种植业不发达，人们在食物原料上的禁忌很少，也吃一些昆虫。这里空气潮湿，瘴气四溢，为了散寒祛湿，避辛解毒，调味通阳，西南地区的人们自古以来就爱饮酒和吃辛香刺激之物，如花椒、茱萸、生姜等。尤其是在辣椒传入西南地区后，人们对辣椒和花椒的应用更为普及。

四川盆地自然环境较为独特，冬暖春早，物料丰富，巴蜀文化发达，川菜也是我国四大菜系之一。巴蜀“好滋味”，调味丰富；“尚辛香”，嗜好辛香刺激之味，这点与西南其他地区相似。历史上的湖广填四川促进了川菜的繁荣，尽管西南地区不同地方的饮食各有特点，但口味总体上以麻辣、酸辣为主。

(10) 东南地区饮食文化圈

东南地区多丘陵，临海且雨水充沛，蔬菜、水果、海产、畜禽都很丰饶。这一地区以稻米为主食，重鲜活，口味清淡，多咸鲜滋味，尚茶饮和汤羹，蔬果与海产比重高，俗尚食事。我国四大菜系之一的粤菜源于此地。东南地区的饮食文化具有明显的商业性，讲究高档稀贵，爱食稀奇野味。其中香港、澳门、台湾等地受西方饮食的影响较为明显。

(11) 青藏高原地区饮食文化圈

青藏高原地区是中国一处具有独特文化的地理单元，自唐朝吐蕃王朝时形成了藏文字和藏传佛教，其独特的地域环境和文化决定了青藏高原饮食文化的基本内容和风格。

青藏高原地区为高寒地区，以农牧业为主，广泛种植青稞、大麦等作物，蔬菜与水果的比重不大。当地主食为糌粑、牛羊肉及各种面食，生冷食物的比重较高，因而人们酷爱喝酥油茶，以适应高原地区的寒冷。由于受宗教文化的影响，人们在饮食上有特有的禁忌和仪式，比如不吃鱼、餐前诵经等。整体口味为咸重、微辣、多辛香。

(12) 素食文化圈

素食文化圈主要形成于东汉以后直至南北朝的数百年间，激烈的政治动乱和频繁的战乱使得民众食难果腹，而长久处于“蔬食饮水”的标准素食状态。与此同时，佛教在中原地区迅速兴盛和普及，众多皇亲贵胄等对素食主义身体力行、极力倡导，使得素食的饮食概念逐渐常态化。近现代随着人们对饮食、健康、环保等话题的关注，世界上的素食人群也开始急剧增加。

二、中国饮食菜系说

1. 菜系的概念

中国地域辽阔，由于地理、气候、物产、经济、文化以及饮食习惯的差异，形成了众多的烹饪风味流派。这些风味流派在行业上开始被称作“帮”或“帮口”，并多冠以地名，如济南帮、胶东帮、上海本帮、重庆帮等。由于各邻近的帮口相互之间会有较多的渗透，于是又形成了较大的帮口或流派。到了 20 世纪 50 年代，人们开始把这些较大的流派称作“系”，并逐渐取代了原来“帮”的称谓。

一个菜系的认定需要经过较长时间的考验，少则一个世纪，多则几千年，在不断地筛选中，其工艺、口味等日趋稳定成熟，并具有一定的市场竞争力。总体而言，菜系是指具有明显地域特色的风味体系，具有不同于其他菜系的烹调方法、调味手段、风味菜式和辐射区域，并且在国内外有相当大的影响力。

菜系说和饮食文化圈概念都赞同地理环境和物产是决定烹饪风味特点的先决条件。《黄帝内经》中早有论述，认为本土所产的物品最能滋养本地的生灵，人们择食多就地取材，以土养人，久而久之便出现以乡土原料为主体的地方菜品。很显然，是物产决定食性，并促进菜肴风味特色的形成。一般而言，某地物产丰盈，则地域菜品的风味特点就丰富，对其他地区饮食文化的影响就较大。

对于菜系说而言，另一个重要影响因素是经济和文化，只有具有相当辐射力和影响力的风味流派才能被认定为菜系。在我国历史上，古都西安、洛阳、开封、杭州、南京、北京，商埠广州、福州、上海、武汉、成都、济南等，分别作为各时代的经济、政治、文化中心，都对菜系的形成产生过积极的影响。时至今日，西安仍热衷于仿唐菜点，如西安饭庄的传统名菜“奶汤锅子鱼”，据说是源于唐代韦巨源的《烧尾宴食单》中的“乳酿鱼”。凡是经济与文化繁荣的地域，其烹饪风味特点就有较大的影响力，并利于菜系的形成。

2. 菜系的形成

中国的饮食历史源远流长，伴随着饮食文化的逐步发展成熟，风味流派乃至菜系才最终形成并发扬起来。

(1) 南北风味初步形成

在中国饮食文化的形成阶段，根据文献记载，南北方的饮食差异已开始显现，主要表现为食源的差异。《周礼》《诗经》《孟子》等文献所记录的饮食，具备了北方黄河流域的文化特点，被认为是中原食系，主食为黍、粟之类，副食多为牛、羊、猪、狗之类。南方风味则以楚宫菜肴为代表，被认为是荆楚食系，出现较晚。据《楚辞》记录，宫席单菜点有 27 种，主食有烩天鹅、烹野鸭、油卤鸡、炖甲鱼、蒸青鱼等。烹调方法多样，口味上也非常丰富，主食多为稻米，副食多为水产品，代表了南方风味饮食的特点。

此时期，周代的烹饪技术已大大超越了前朝，已经形成了色香味形这一中国烹饪的主要特色。周代烹饪最为人称叹的名肴是“八珍”，也是当时北方风味的代表。《礼记·内侧》所列，“八珍”为淳熬（肉酱油浇稻米饭）、淳母（肉酱油浇黄米饭）、炮豚（煨烤炸炖乳猪，共有八道工序：宰杀、净腔、酿肚、炮烧、挂糊、油炸、切件和慢炖，文火炖三天三夜后用醋、酱调味食用）、炮牂（煨烤炸炖羔羊，工序同上）、捣珍（取等量牛、羊、鹿里脊肉，反复锤击，去筋腱，烹熟后，去外膜，把肉揉软）、渍（酒糖牛羊肉，新鲜的牛肉按肌理切成薄片，用香酒渍一夜，第二天取出食用，以酱、醋、梅酱调味）、熬（烘制的肉脯）和肝膋（网油烤狗肝，食时不加香料调味）八种食品（或者认为是八种烹调法）。从以上“八珍”的资料看，当时的烹饪技术已讲究严格选料、精细加工、注意火候。后世以此为基础，随时代和地域的变化，又对“八珍”进行了许多发展演变，如“元八珍”“明八珍”“清八珍”“民国八珍”“上八珍”“中八珍”“下八珍”等。

(2) 风味流派初见端倪

在中国饮食文化的发展时期，饮食风味主要表现在地域的分野和荤素菜的分岭上。

唐代以前，交通运输落后，商品流通有限，风味流派的确立首先建立在烹饪原料的基础上，并受其制约。食源方面，南方以水产、猪、水稻为主，北方以牛、羊、狗、麦、粟等为主。即便是醋的种类南北也是不同，南方食用米醋，北方食用糠醋。糠的本意是指从稻、麦等谷皮上脱下的皮、壳，此时则指粟麦类。此时，以北方多咸重、蜀地多辛香、荆吴多酸甜、岭南地区多鲜咸为特色的菜肴风味已然形成。

“南人食米”自古皆然，“北人食面”却并非如此。事实上，以面食为主食是北方人饮食变迁最为突出的成果之一。中国饮食文化的发展时期，粮食作物种植生产发生了重大变化，即粟类“五谷之长”的地位发生了改变，在中原地区麦类已与其平起平坐。从此开始，北方的面食制作逐渐兴起。西汉时期饼食开始出现，东汉出现了胡饼（近似今天的烧饼）、蒸饼（最早的馒头）、汤饼、索饼（较粗的湿面条）。南北朝时北方的面食盛行，贾思勰的《齐民要术》中记载了20余种面点的制作方法。所以秦汉之后，厨房中红白案分开，北方地区逐步确立了以面食为主或面食、粒食并存的膳食模式，并一直延续至今。

关于荤素菜之分，虽然先秦既有，但正式形成流派则因梁武帝信佛食素而始于南朝。当时，梁武帝写《断酒肉文》号召全民食素，推动了荤素流派的形成，尤其是寺院素食。

（3）地方风味突出四大菜系成熟

宋代以后，市肆菜饮食文化流派已成气候，出现了北食、南食、素食等不同风味的餐馆。清代末年，各地风味都已渐成一派，较有特色的是京师、山东、四川、广东、福建、江宁、苏州、镇江、扬州、淮安，特别是北方宫廷风味（宫廷饮宴、官府饮宴）盛行。地域性饮食文化、少数民族饮食文化、市肆饮食文化、四大菜系等，也都走向成熟并基本定型。

3. 菜系的分类和特点

中国风味流派的划分绝不是行政区，其形成是由多种因素决定的，如当地物产、气候、历史文化、宗教信仰、菜肴风味等因素。其中最有代表性的是长江下游地区的淮扬菜系、长江中上游地区的川菜系、珠江流域的粤菜系和黄河流域的鲁菜系。其他比较著名的还有京菜、沪菜、闽菜、湘菜、鄂菜、浙菜、皖菜、秦菜等。

（1）粤菜系

广东地处亚热带，四季常青，动植物资源丰富，为广东菜的形成奠定了物质基础。历史上，秦始皇统一岭南后，遣 55 万人南迁，广东始得开发。两晋南北朝时期，汉人南迁，广东饮食文化受到中原文化的影响，得以发展。南宋时期，我国经济中心南移，海上贸易兴旺，广东的经济日趋繁荣，广东烹饪技法逐渐完善。自明清以后广东菜发展很快，清中后期这里商贾云集，食肆兴隆，广东菜进入鼎盛时期，并有“食在广州”的美誉。

广东菜由广州菜、潮州菜、东江菜及港式粤菜组成，主要覆盖珠江流域，闽、桂等地也受其影响。广东菜的特点之一是选料广泛奇异，南宋时的《岭外代答》就有“不问鸟兽虫蛇，无不食之”的记载，除鸡、鸭、鱼、虾外，还善用当地四大特产蛇、狸、猴、猫烹制菜肴。广东菜的特点之二是博采众长，能借鉴中外菜点的长处，形成自己的风格。

广东菜讲究本色原味、口味清鲜、生猛，技法集中西之长并趋时而变，勇于创新。点心精巧，大菜华贵，具有商品经济色彩。常用的烹调方法有熬、煲、烤、焗、炒、炸、煎、蒸、扒等，以焗、煲最具特色。常见的调味品有蚝油、鱼露、虾酱、柱候酱和沙茶酱等。

典型的广东菜点有红烧大排翅、红烧甲鱼、烤乳猪、煲狗肉、烩蛇羹、咕噜肉、盐焗鸡、鼎湖上素、虾饺、鲜虾烧卖、牛肉肠粉、叉烧包、奶黄包、娥姐粉果等。

（2）鲁菜系

山东是我国古文化发祥地之一，春秋时期属于齐国和鲁国，是儒家文化的发源地，因而深受孔子对饮食所提的“食不厌精脍不厌细”八字方针的影响。到了唐宋时期，山东风味已基本定型。元明时期，山东菜逐渐深入宫廷，影响京津和华北地区，成为北方菜的优秀代表。

胶东半岛居于黄海和渤海之间，气候温和、物产丰富、水产品多样且名贵，如海参、对虾、加吉鱼、鲍鱼、扇贝、海螺、鱿鱼、乌鱼蛋以及黄河鲤鱼、泰山赤鳞鱼等。果蔬特产有胶州大白菜、章丘大葱、烟台苹果和紫樱桃、莱芜生姜、莱阳梨等。调味品有洛口食醋、济南酱油、即墨老酒。

山东菜由济宁菜（含曲阜）、济南菜（含德州、泰安）、胶东菜（含福州、青岛、烟台）3个分支构成，传统工艺讲究，对刀工和勺工有严格要求，一丝不苟。济宁菜口味咸鲜、纯正，以烹制干鲜珍品见长。济南菜以鲜咸为主，葱香突出，重视火候，善于制汤和用汤。清汤清澈鲜美、奶汤乳白醇厚。胶东菜以鲜咸为主，尤擅烹制海鲜菜。菜的造型整体大方，菜名朴实，敦厚庄重，受儒家学派饮食传统的影响较深。常见的烹调方法有爆、炒、炸、煎、熘、烩、扒。

典型的山东菜点有葱扒海参、芫爆鱿鱼卷、清蒸加吉鱼、奶汤鸡脯、九转大肠、油爆双脆、青州全蝎、泰安豆腐、糖醋鲤鱼、拔丝苹果等。

（3）川菜系

四川盆地素有“天府之国”的美誉，物产丰富，为烹饪文化的发展提供了物质条件。当地出品的众多调味品，也成为川菜调味的基础，如自贡的川盐、阆中的保宁醋、内江的糖、永江的豆豉、德阳的酱油、郫县的豆瓣、茂文的花椒等。如今，川菜的影响从整个天府之国直到云贵高原和藏北、甘南、湘、鄂、陕边界，以及京、沪和海外地区。

四川菜历史悠久，在商周时期已初见雏形，至汉晋南北朝时期趋于成熟，东晋时期的《华阳国志》中就记述了巴蜀人“好滋味”“多辛香”的饮食习俗和烹饪特色。清末民初川菜烹饪技术日臻完善，风味特色也完全成熟定型。

四川菜由成都菜、重庆菜和自贡菜组成。四川菜口味多变，号称“百菜百味，一菜一格”，虽以麻辣为主，还有鱼香、怪味、荔枝、蒜泥等。川菜选料广泛，精料精做，工艺有独创性，菜式适应性强，清、鲜、醇、浓并重，雅俗共赏，居家饮膳色彩和平民生活气息浓烈。烹调方法多变，其中以小炒、小煎、干煸等急火短炒见长。

典型的四川菜点有鱼香肉丝、水煮牛肉、樟茶鸭子、干煸牛肉丝、麻婆豆腐、回锅肉、鱼香腰花、毛肚火锅、宫保鸡丁、清蒸江团、干烧岩鲤、河水豆花、开水白菜、糍粑、三大炮、担担面等。

（4）淮扬菜系

江苏素有“鱼米之乡”的美称，物产丰富，为烹饪文化的发展提供了物质条件。江苏菜历史悠久，至春秋时期已基本成型，当时流行的名菜有“全鱼炙”“吴羹”“鱼脍”等。南京是有名的“五朝古都”，烹饪文化在各个历史时期都有较大的贡献。两汉及南北朝时，江苏的面食、素食和腌菜技术有明显的发展；隋唐、两宋时期，海鲜和糟醉菜最为拿手，被列为宫廷贡品；明清时，江苏菜南北沿运河、东西沿长江向外发展，逐渐波及北京、上海、华东和长江中下游部分地区。淮安正是当时南船北马的交汇点，即物资在此由水运转为陆运北上，人员乘车马在此换船南下。由于运河与淮河落差大，船行过淮，不仅要盘坝过闸，还常因待潮待风滞留淮上，因此淮安城货物之丰富、仓储之发达、各色人等的汇集、市井的繁华可想而知，由此也催生了饮食业的发达，呈现出“清淮八十里，临流半酒家”的盛景。

苏菜，或称淮扬菜，由淮扬（含扬州、镇江、淮安、淮阴）、金陵、姑苏风味（含苏州、无锡）和徐海（含徐州、连云港）4个地方风味组成，淮河、长江下游的广大地区以及沪、杭、宁等城市也属于这一菜系范围。

淮扬菜整体色调秀雅，菜形艳丽；选料讲究鲜活，因料施意，四季有别，宴席水平高；园林文化和文人雅士的气质浓郁；烹制时讲究原汁原味，口味清鲜、平和、微甜，一般清淡、荤素搭配。烹调方法以炖、焖、煨、焐、烤最具特色。

典型的江苏菜点有蟹粉狮子头、大煮干丝、金陵桂花鸭、松鼠鳜鱼、叫花鸡、三套鸭、梁溪脆鳝、文思豆腐羹、清汤鱼圆、灌汤包、千层油糕、翡翠烧卖、三丁包等。

第三节　中国饪食器和食器

人类最早发明的工具都是围绕饮食的目的而产生，比如陶器、青铜器甚至是瓷器。袁枚在《随园食单》中曾引用过一句古语：“美食不如美器”，即说食物美且盛器也要美的追求。虽然这句古语的确切出处已无从考证，但饮食上讲究美器的文化传统，在中国的起源也相当早，可以追溯到器具创制不久的时代。

一、饪食器和食器的种类

在中国饮食文化的形成阶段，饪食器和食器不仅由强度更大、更耐用的青铜质代替了陶质，而且饪食器与食器的形制也更为复杂，种类更加多样，专器专用趋势明显。下面列举了当时较具代表性的饪食器和食器。

1. 釜

釜和鼎是最早问世的两种不同形式的锅，既是饪食具，又是食器。其基本形态特征是大口、深腹、圆底、无足，或有耳，必须安置在炉灶之上或是以其他物体支撑煮物，相当于现代的锅，可以直接用来煮、炖、煎、炒等。

2. 鼎

鼎是专门用以煮肉或装肉的，因而既是饪食具，又是食器，一般三足两耳。鼎在周代的使用制度相当严格，大体可分为三类：镬鼎，烹煮牲肉；升鼎，又称正鼎，盛放未调味的熟牲肉；羞鼎，又称陪鼎，盛放调味后的肉羹。其中，升鼎的使用有严格的等级规范。依《左传》《公羊传》等书记载，“天子九鼎，诸侯七，卿大夫五，元士三也”。天子的九鼎所盛之物是牛、羊、豕（shǐ，猪）、鱼、腊（xī，干肉）、（牛羊的）肠胃、鲜鱼（生鱼片）、肤（肥猪肉）、鲜腊。

3. 簋

簋（guǐ）是用来盛放煮熟的黍、稷等饭食的食器，多为圆口、圆腹、圆足或双耳、多耳，自商代开始出现，延续到战国时期。据《礼记·玉藻》记载和考古发现，簋常以偶数与鼎配套出现。史书记载，天子用九鼎八簋，诸侯用七鼎六簋，卿大夫用五鼎四簋，士用三鼎二簋。

4. 鬲

鬲（lì）是古代煮饭用的饪食器，形状一般为侈口（口沿外倾），袋形腹，配有三个较短的中空锥形足，或有耳。这种设计可使鬲的腹部具有最大的受火面积。《殷周青铜器通论》：“鬲发达于殷代，衰落于周末，绝迹于汉代”。

5. 甗

甗（yǎn）是一种饪食器，相当于现代的蒸锅。全器分为上下两部分，上部为甑（zēng），放置食物；下部为鬲，放置水；甗和鬲中间有镂空的箅（bì）相连。甑的形状多种多样，有的似盆、有的像罐，有的带耳、有的加盖，但所有的甑都有一个共同的结构特点，就是底部有许多穿孔。这些穿孔的甑底起了笼屉的作用，可以认为是最原始的笼屉。使用时，令鬲中的水加热产生蒸汽，蒸汽通过箅的十字孔或直线孔接触到甑中的食物，最终将食物蒸熟。较之于煮，蒸法又有很多优点。

6. 豆

豆是食器和礼器，多为陶质，开始时用于盛放黍、稷等谷物，后用于盛放腌菜、肉酱等调味品。使用时，豆也常以偶数出现，按尊卑长幼，也有数量多少之分。

二、饪食器和食器的发展

食器发展演变其实也正是中国科学技术和生产水平发展的时代缩影和直观教具。单从器具材质上看，在中国饮食文化的形成阶段由陶质过渡到了青铜质，在汉代出现铁质饪食器，食器中则开始使用贵重金属。后世出土的以金、银、玻璃、漆器、陶瓷、玉制成的食器，也更为轻便、精美和奢华。总之，每件食器都是与同时代的生产力发展水平相同步的。

1. 青铜器

我国青铜铸造业最早见于夏代（河南偃师二里头文化遗址），在商代和西周达到隆盛时期。目前已出土的最大的青铜器是殷墟武官村出土的后母戊大方鼎，高 1.33 米，长 1.10 米，宽 0.78 米，重达 875 公斤，是用来烹煮食物的礼器。我国的青铜器出土数量居世界之首，其质量与技艺也居世界前列。在众多的青铜器皿中，以饮食器所占数量最多，当时的青铜炊具主要有鼎、鬲、甗、甑、簋、釜等。河南安阳的商代妇好墓出土的三联甗，以一台面将三甗连为一体，可为青铜器的精品。

周代以后，鼎、鬲之类的古代炊具渐为炉灶、锅、釜所取代，而且出现了带有烟囱的炉灶。至战国时，灶已由地灶发展为用砖垒成的高灶。《墨子》中有这样的描述："灶心为屏，突出高屋四尺。"高突灶具，便于通风，火力更旺，更有利于火候的掌握，烹饪效率得到了提高，还有防火的作用，且更卫生。烹饪工具得到改进，同时也推动了烹饪业的发展。

唐宋期间我国手工业发达，也促使烹饪用具更为先进，烹饪用具向小巧、轻薄、实用方向发展，出现刀机、手提镣炉、六格蒸笼、火锅等。其中，燎炉是在火炉外镶以木架，可自由移动，且无须人力吹火，而用炉门拨风。该炉的使用可使燃烧完全，具有火力旺盛，清洁无烟，安全防火，省事省力省料，易控火候的优势。这时期还出现了人工合成的"金刚炭"，类似现代的蜂窝煤。

2. 漆器

在食具的演变发展中，漆器要比青铜器、陶器优越得多，具有轻便、耐用、防腐蚀、可以彩绘装饰等特点。漆器作为饮食器皿，早在 7000 年前的河姆渡文化时期便以漆碗的形式出现。到了春秋战国时期，作为饮食器皿的漆器在许多生活领域逐渐取代了青铜器皿。漆器作为高级餐具，流行于楚、汉、魏、晋时期的上层统治阶级日常生活中，且以西汉为最。

漆器主要有装食物的碗、豆、盒、盘，舀汤的勺，夹菜的筷，放食具的案、几，装水的桶，盥洗匣以及酒器等。当时的漆器价格昂贵，特别是鎏金和镶嵌的漆器，非贵族之家是不可能拥有的。马王堆汉墓中出土的漆筷，得益于漆的保护，2000 年后仍色彩鲜艳、图案精美。这些漆器都经过 42 道工艺制造，仅上漆就有 7 次之多，每次漆后都以高温蒸过，因此经得起滚水沸汤。

汉代以后，因为漆器制作工艺复杂、成本太高，且使用时禁忌较多，如忌盐、忌莼菜、忌螃蟹等，与国人饮食习惯不符合；漆层易被破坏，显得陈旧不堪，随着制瓷工艺的兴起，漆器食具也被迅速取代。值得一提的是，中国的漆器工艺同佛教及汉字一起经由朝鲜半岛从唐代传到日本，由于更适应日本的饮食情况，使得漆器食具得以发扬光大。

3. 瓷器

瓷器是中国古代的伟大发明之一。上海博物馆藏有战国原始青瓷龙首鼎，釉色青黄，鼎身四周刻画弦纹、斜线纹及涡纹，鼎口一面饰长颈龙首，另一面是小兽形尾，有长方形立耳，下为3只矮兽足，造型相当精致。青瓷到东汉晚期才摆脱了原始状态，胎体的瓷化程度接近了现代瓷器的水平，逐渐进入成熟阶段。

到唐朝时形成了青瓷和白瓷并驾齐驱的局面。青瓷以南方的越窑为最佳，白瓷则首推北方的邢窑。宋代是瓷器发展高峰，名窑辈出，除青、白瓷外，黑釉、旨白釉、彩绘瓷纷纷兴起，定、汝、官、哥、钧五大名窑各领风骚。

元代青花瓷器的装饰特点是层次多，画面满，从器口到器足满饰各种花纹，但层次清楚，繁而不乱。纹饰种类繁多，有人物故事、松竹梅、龙凤、花鸟、水禽、瓜果、游鱼等。有的产品还同时用青花和釉里红进行装饰，极为华丽美观。明代景德镇的青花、彩瓷，颜色和釉瓷均称天下无双。此时还创制有青花五彩瓷器，是用红、黄、绿、褐、紫等釉上彩和釉下青花相结合的工艺，具有色彩浓艳、花纹瑰丽的特点。

明代中后期，五彩瓷器精品迭出，可分为以红、绿、黄为主的纯粹釉上五彩和以釉下的青花结合釉上的红、绿、黄彩的春花五彩。清代的康熙、雍正、乾隆三朝制瓷业臻于鼎盛，达到历史最高水平，一方面瓷器品种不断创新，另一方面装饰绘画精细、题材广泛、画面宏大。至此，中国古餐具的艺术极品可谓不胜枚举。

三、古代饮食器具的价值

中国考古出土的饪食器和食器数量众多，这些历朝历代饮食器具在发挥其固有烹调、盛馔功效的同时，也蕴含了社会发展中的人文历史、工艺技术、风俗礼仪、伦理美学等多方面珍贵信息。

1. 礼器

《说文》中将鼎定义为“和五味之宝器”，不仅指出鼎是古先民的重要饪食器和食器，也指出其是象征国家和统治者最高政治权利的王器。直到现在，中国人仍然有一种鼎崇拜的意识，“鼎”字也被赋予“显赫”“尊贵”“盛大”等引申含义，如一言九鼎、大名鼎鼎、鼎盛时期、鼎力相助、问鼎中原等。在中国古代，鼎也是王公贵族在进行祭祀、丧葬、朝聘、征伐和宴飨、婚冠等礼仪场合最主要的礼器。中国历史博物馆收藏的“后母戊”大方鼎是现存最大的商代青铜器，正是商王为祭祀他的母亲戊而铸造的。

作为礼仪重器，不同规格的青铜器皿还可代表使用者相应的贵贱等级，而这种以不同礼器体现不同阶级等级的做法从商代一直延续到清代宫廷。前文提到过，古代先民进食时讲究天子用九鼎八簋，诸侯用七鼎六簋，卿大夫用五鼎四簋，士用三鼎二簋，而普通百姓无权使用鼎。到了清代宫廷，这种膳食制度不仅体现在专门的厨师和专门的膳房，还有严格的份额规定，即每人每天固有的米、面、肉、菜、油、调料以及酒、水、乳、茶叶等，称为“口份”。口份的多少按照皇帝、皇后、皇贵妃、妃、嫔等，依次递减。在筵席上，除了肴馔品种不同外，用餐的食器也可体现就餐者的位份尊卑。如皇帝用金龙盘、金龙碗、金勺、金箸，皇后用里外全金的暗云龙纹盘碗、金勺、金箸，其他嫔妃使用无金餐具，即位份碗，皇贵妃、贵妃、妃用黄地绿云龙盘碗，嫔用蓝地黄云龙盘碗，贵人用酱色蓝云龙盘碗，常在用五彩云龙盘碗等。

2. 历史文献

饮食器具不仅是人们生活中的必需，也是耐储存、耐欣赏，直观的历史档案。通过传世或古代窖藏及古墓中出土的各种材质的炊食器具，后世可以解读出各个时代的烹饪技术、饮食文化发展概况、当时的生产技术、审美观念、风俗习惯等。我国有文字记载的资料只有近 5000 年，而出土的早期陶制钵、釜却告诉我们，先人早在万年以前已经知道用火来改变物质的化学性质，制造出多种食器，形象地展现了当时人们的科学思维能力和生产技术水平。

后世出土的青铜器有许多都刻有铭文，大多记录了当时的典章制度和册封、祭祀、征伐等史实，这也使得这些饪食器成为研究古文字和历史信息的第一手史料。其中较著名的有：

大盂鼎，内壁铸铭文 19 行 291 字。记述了周康王公元 23 年 9 月册命贵族盂之事，是研究西周奴隶制度的重要史料，也是史学家研究周代分封制和周王与臣属关系的重要史料。

大克鼎，内壁铸有铭文 2 段，共 28 行，290 字。主要记录克依凭先祖功绩，受到周王的策命和赏赐大量土地、奴隶的内容，对于研究西周时期的职官、礼仪、土地制度等都有极为重大的意义。同时铭文显示克的祖父担任的是“师”的官职，而到克时，则改任为“膳夫”一职。根据《周礼·天官》的规定，膳夫是“掌王之食饮膳羞，以养王及后世子”，凡天子日常饮食先行尝食后才进呈食用，而天子宴饮或祭祀献食时的各项礼仪工作也由他负责担任。

毛公鼎，内壁刻有铭文 32 行 500 字。是现今出土的 7000 多件铭文青铜器中最多的，记载了毛公衷心向周宣王为国献策之事，是西周散文代表作。郭沫若评价《毛公鼎》：“铭全体气势颇宏大，泱泱然存宗周宗主之风烈，此于宣王之时为宜”，并誉“抵得一篇《尚书》”。

除了铭文，饪食器上的花纹图案也可以帮助后人解读和印证史实。如唐代的“舞马衔杯银皮囊壶”刻画了当时“舞马”的风采和“屈膝衔杯赴节，倾心献寿无疆”的高超技艺，一方面证实了唐代与北方、西方等少数民族交往密切、文化交流普及，用实物形象的记载、印证了文字记载的史料，另一方面，帮助后人理解《新唐书·礼乐志》《明皂杂录》及描写唐玄宗千秋宴的《舞马乐府》《舞马词》等文献诗歌所描述的庆典场面。

从饪食器的装饰还可直观地了解各时代的人文理念和社会风尚。如夏商时代青铜器上诡异的纹饰反映了人们敬神畏鬼的思想；“刖足守门”被砍去双足的奴隶，说明当时以残暴为乐的奴隶主们的变态心理；商代的许多酒具铸成枭鸟形，而周代以后就几乎绝迹，说明在商代人们还没有“夜猫子进宅，坏事带来”的想法。

3. 艺术价值

青铜器上的铭文按照《墨书》原本先刻出模型再翻范铸造出来的。由于西周时期青铜铸造技术精湛，铭文也在相当程度上体现出《墨书》的笔意。因此，大盂鼎、大克鼎、毛公鼎，其内壁铭文不仅是重要的史料文献，也是西周文字书法的代表，具有很高的审美价值。

大盂鼎铭文属西周早期金文，书法体势严谨，结字、章法都十分质朴平实，用笔方圆兼备、端严凝重，雄壮而不失秀美，布局整饬中又见灵动，并达到了十分精美的程度，是西周前期金文的代表作。大克鼎铭文是西周晚期具有代表性的金文字体之一，字体规范，字迹优美，笔画圆润，结构和谐。毛公鼎的铭文则更是西周晚期金文的典范之作，表现出上古书法的典型风范和一种理性的审美趋势，体势显示出大篆书体高度成熟的结字风貌，瘦劲修长，不促不懈，仪态万千。章法纵横、宽松疏朗，错落有致、顺乎自然而无做作，呈现出一派天真烂漫的艺术意趣。

中国饮食器具之美，美在质、美在形、美在装饰、美在与馔品的和谐。中国的古代食器无论材质如何，都十分讲究装饰。距今 7500 年前，出现了彩陶，虽然只是在器皿口沿部绘制了一圈带状红彩或是简单的几何纹饰，却是人类追求美器的开始。当时的彩绘几乎全部出现在食器上，目的是使用餐者在进餐时心情更为愉悦。商代晚期铸造的青铜礼器，在纹饰上以繁缛为美，盛行狰狞的饕餮纹，体现出一种庄重之美。

现在常见的瓷器餐具，更是中国饮食史上非常华丽的篇章。标准的瓷器出现在东汉时代，挂青色釉，称为青釉瓷器。随后又有白瓷工艺、高温釉下彩技术、珐琅彩技术等。到了宋元时期，食器、酒具、茶具都以瓷器充任。这些瓷器，除在造型、色彩、质感等方面屡屡创新外，还常装饰有诗文或绘画图案，具有很高的艺术价值和历史价值。

学习重点

1. 掌握中国主要菜系的风味特点及代表作。

川菜的风味特点：清、鲜、醇、浓并重，以善用麻辣著称。

鲁菜的风味特点：鲜咸、纯正、葱香突出；重视火候，善于制汤和用汤，海鲜菜尤见功力。

粤菜的风味特点：生猛、鲜淡、精美；用料奇特而广博，技法广集中西之长，勇于创新，点心精巧。

淮扬菜的风味特点：清鲜、微甜、刀法精妙、色调秀雅。

2. 理解饪食器对中国饮食文化的形成、发展、传播的重要意义。

学习难点

1. 理解中国饮食文化圈概念和菜系说的异同。

十二个饮食文化圈突出表现了中国饮食文化的地区性差别，是具有相同饮食文化属性的人群和其所共同生息依存的自然与文化生态地理单元，对于中华区域性饮食特点的总结是较全面的。但饮食文化圈的概念与菜系说不能混为一谈，更不能画等号。中国菜系的认定需至少满足以下四点：（1）选料为特异的乡土原料；（2）工艺技法确有独到之处；（3）具有广而多的食客基础；（4）能经受较长时间的考验。

2. 掌握中国烹饪技术体系发展过程中的重要转折点。

中国历史悠久，随朝代更迭社会背景变化复杂，饮食中的变化更为繁杂，给学习者的理解记忆造成困难。特将中国饮食文化发展的三个主要阶段的重大饮食变化总结在下表中，以便于理解。

	形成阶段	发展阶段	成熟阶段
时代	夏朝到春秋战国时期	秦至唐代	北宋到清朝灭亡
烹饪原料	农耕发展，但动物性原料则是以渔猎为主、养殖为辅； 果品成为休闲食品； 调味料品种增加，周王进食肉类必辅以酱料	南方种植水稻； 肉类膳食比重加大； 麦类取代粟类，成为“五谷之长”； 发明豆腐（西汉）	烹饪原料丰富广泛

续表

	形成阶段	发展阶段	成熟阶段
烹饪文化	强调掌握火候； 强调刀工技术； 使用动物性脂肪烹饪； 创新食物加工方法和烹调方法； 周代设置膳夫、食医	烹饪分工细化：红白案分开，案子和炉子分开； 魏晋南北朝开始使用植物油烹饪，煎、炸、炒等技法流行； 不同民族文化交融； 创建素食	原料选择讲究； 烹调技艺精湛； 味形丰富多样； 菜点造型讲究； 存在奢靡浪费现象
风味流派	追求色香味形； 南北食源存在差别； 以周代“八珍”为筵席代表	南人食米，北人食面； 明显的风味差异：北方多鲜咸，蜀地多辛香，荆吴多酸甜，岭南地区饮食有个性； 有荤素菜之分	地方风味突出； 四大菜系发展成熟； 各种饮食文化成熟定型

课后练习

1. 人类的先祖在熟食活动中大致经历了火烹、石烹、__________3 个阶段。
2. 最迟在周代，王宫里就已设有宫廷营养师，被称为______________。
3. 豆腐是中国的重要食品发明，出现的大致年代是______________。
4. “南米北面”的饮食格局出现在中国饮食文化__________阶段。
   A. 萌芽　　B. 形成　　C. 发展　　D. 成熟
5. 以下烹饪原料特点不属于中国饮食文化发展形成阶段的是__________。
   A. 果品成为休闲食品　　B. 使用动物性脂肪
   C. 调味料品种增加　　D. 麦类取代粟类
6. 以植物油烹调是中华烹饪的一大特色，油烹的发明大致出现在________。
   A. 汉魏　　B. 唐宋　　C. 元代　　D. 明清
7. 中华饮食文化的奠基期是在________。
   A. 上古时代　　B. 夏至秦　　C. 秦至清　　D. 清之后
8. 以下关于中国烹调文化发展认识正确的是________。
   A. 周代“八珍”是指由八种珍贵原料制成的菜肴
   B. 釜和甑都是最早出现的煮食物的炊器
   C. 将植物油用于烹调是唐宋以后开始普及的
   D. 清代袁枚编撰的《随园食单》堪称我国第一部营养卫生学专著

课外阅读与思考

国宴是国家元首或政府首脑为国家的庆典或为外国元首、政府首脑来访而举行的正式宴会，国宴又是国际交往中的一种重要的礼仪形式，是各类宴请活动中规格最高，最为隆重的一种宴请形式。

国宴的主要标志是：以国家的名义举行。一种是以国家名义举行的庆祝国家重大节日如国庆节等而举行的宴会，党和国家领导人主持，邀请驻华使节、外国驻华的重要机构、记者、国家各有关部门负责人，还有人大、政协、群众团体代表、劳动模范等出席，宴会厅内悬挂国徽；另一种是以国家名义邀请来访的国家元首或政府首脑出席的宴会，宴会厅内悬挂双方国旗，设乐队，奏国歌，席间致辞，菜单和座席卡上均印有国徽。

国宴的特点是：出席者的身份高，接待规格高，场面隆重，政治性强，礼仪严格，工作程序规范、严谨等。

开国第一宴

1949 年 10 月 1 日，中央人民政府在北京天安门隆重举行了开国大典，中国历史翻开了崭新的一页。当晚，在北京饭店举行盛大国宴，史称“开国第一宴”。

在进行开国第一宴的筹备时，最先确定的是宴会的举办地点——北京饭店。“开国第一宴”的菜肴口味和菜单确定也十分重要。周恩来总理考虑到各界人士来自于祖国各地，其中还有很多年纪大的同志，所以选择了淮扬菜。因为淮扬菜适应面广，南北皆宜，咸淡适中，清淡适口而不薄，浓香味厚而不腻。最终敲定的“开国第一宴”的菜谱是冷菜四种：五香鱼、油淋鸡、炝黄瓜、肴肉；头道菜：燕菜汤；热菜八种：红烧鱼翅、烧四宝、干焖大虾、烧鸡块、鲜蘑菜心、红扒鸭、红烧鲤鱼、红烧狮子头。第二道和第三道热菜之间上四种点心，咸点有菜肉烧卖、春卷；甜点有豆沙包、千层油糕。

但当时的北京饭店只经营西餐，所以时任政务院典礼局局长的余心清与当时的北京饭店经理王韧商量后，报周恩来总理同意，从北京“玉华台饭庄”调来善于淮扬菜制作的朱殿荣、王杜昆、杨启荣、王斌、孙久富、景德旺、李世忠等人进入北京饭店，准备国宴菜肴。其中，朱殿荣为“开国第一宴”的总厨师长，王杜昆为副厨师长。本次国宴的设计总指挥由时任北京饭店宴会总管的郑连富担任。宴会总管需要对宴会餐厅的装饰、餐桌的摆放、主宾通道的宽窄、上菜路线、上菜时间等，都要有周到细致的安排。

令人称奇的是，本次国宴嘉宾 600 多人，而宴席所需的主菜居然都是朱殿荣师傅用一口大锅炒出来的“大锅菜”，但菜肴的口味却受到在场各方人士的一致称赞。朱殿荣出身鼎镬世家，14岁拜师学艺，练就了做大菜、办筵席的过硬本领。几百人的宴会，他都是用一口大锅一次烧出，下料果断，口味极准。他精通淮扬菜的各种技法，代表菜是红烧狮子头、烧四宝等。为开国盛宴掌勺的其他几位厨师，个个也都身手不凡。比如，孙久富号称"孙快手"，不但干活精细，动作麻利，而且制出的点心也很有特色。他做的淮扬汤包和火腿江米烧卖，软糯鲜香，满兜汤汁，而且从不破皮。仅烧饼，他就能做出四五十种之多，如黄桥烧饼、萝卜丝烧饼、冬菜肉末烧饼、焖炉烧饼等。

后来，据北京饭店行政总厨全国劳动模范郑秀生大师回忆，新中国成立50周年大庆时，因在新华社、新闻电影制片厂搜集来的大量影视资料或者档案馆记录中都鲜有"开国第一宴"的介绍，所以北京饭店曾特别邀请了当时仍在世的孙久富、王杜昆两个老同志，回忆"开国第一宴"时的情景。在前辈回忆的国宴菜单基础上，再根据现代文化因素改良后，北京饭店在50年国庆节期间成功举办了"开国第一宴"美食月活动。一经报道，各地淮扬菜风味的社会餐饮机构也纷纷推出了各式各样的"开国第一宴"主题菜肴，经过各地媒体的报道，社会反响很大，不但丰富了餐饮的历史文化，同时也创造了很好的经济效益。

资料来源：北京饭店行政总厨郑秀生"中国国宴文化"主题讲座，2013.11.22，北京联合大学旅游学院

第三章

中国饮食思想和饮食特征

【本章目标】

学过本章之后，你应该能够

- 了解中国饮食文化的基本特征。
- 熟悉《饮膳正要》《随园食单》中的主要饮食论断。
- 理解中国饮食文化的理论基础。
- 掌握健康饮食的理念。

中国的饮食文化是中华民族在长期的饮食实践活动中创造出来的物质财富和精神财富的总和。从人类文化的价值表现看，作为一种文化，首先应该是民族的，然后才是世界的。而中国的饮食文化正是一个以汉族饮食文化为主体，与其他民族饮食文化相互兼容的大体系。中国菜的食源广、菜品多、技巧高，中国文化传承久远、内涵深博，中国饮食文化发展至今不仅经受了时间的检验和选择，也经历过多次民族大融合，因而具有鲜明的民族特色、旺盛的生命力和强大的融合力。

第一节　中国饮食文化的理论基础

一、本味主张

味，即原料的天然味性。本味主张可引申为注重讲求食物的隽美之味，这是中华民族饮食文化很早就明确并不断丰富发展的一个原则。所谓“味性”，具有“味”和“性”两重含义，“味”是人的鼻、舌等器官可以感觉和判断的食原料的自然属性，而“性”则是人们无直接感觉的物料的功能。中国古人认为性源于味，故对食物原料的天然味性极其重视。

《吕氏春秋·本味》集中论述了“味”的道理，有食物原料的自然之味、调味品的相互作用和变化、水火对味的影响等，体现了人们对调和隽美味性的追求与认识水平。袁枚在《随园食单》中更有记载：“求香不可用香料”“一物有一物之味，不可混而同之”“一碗各成一味”“各有本味，自成一家”。而“味”除了可表味感，即某种物质刺激味蕾所引起的感觉，还包含有触感，即指食物含在口中的感觉。如《吕氏春秋》中讲：“若人之于滋味，无不说甘脆”，甘是味感，而脆则是触感。

数千年来，中国食文明中对味的追求从未停歇，可谓精益求精、变化无穷，其中又以川菜为最，有“食在中国、味在四川”“一菜一格，百菜百味”的赞誉。中国饮膳中的“味”正是中国饮食文化中最突出的特色。

二、饮食养生

上古的采撷实践中，先人逐渐注意到部分食物的功能超出了普通食物的充饥之用，由此派生出了中国的传统医药学。贾思勰的《齐民要术》、李时珍的《本草纲目》中记录的药物大多都是人们正在吃的或曾经吃的食物，而人们吃的食物也总是被赋予某种药性。

我国古人历来重视饮食养生，最早在周代，王宫里开始出现食医制度。据《周礼·天官·食医》记载“食医，掌和王之六食、六饮、六膳、百羞、百酱、八珍之齐”。食医，虽管膳食却非厨师，而是掌管食、饮、膳、羞之间的调和，以及其与五味、气候、季节搭配的医官，相当于现代的营养师。当时人们认为春天多吃酸味食品，夏天多吃苦味食品，秋天多吃辛味食品，冬天多吃咸味食品。但无论哪一季节都要以甘甜滑润的食品加以调和食用，以润肠通便。至于肉食与主食的配合则遵循牛肉配粳米饭食用，羊肉配黏黄米饭食用，猪肉配高粱米饭食用，狗肉配小米饭食用，鹅肉配麦饭食用，鱼肉配菰米饭食用。这些配搭的科学性虽无从证实，但2000多年前古人对饮食养生的重视和理解已初见端倪，食医职司的原则具有超越等级界限和历史时代的重大意义，是中国人对饮食的一次重大认识飞跃。

《黄帝内经·素问》一书中记载“毒当攻邪，五谷为养，五果为助，五畜为益，五菜为充，气味合而埌之，以补精气”，治病当用药物，而养生则当用五谷果菜。按照现代营养学分析，谷物含有丰富的碳水化合物和纤维素，是人体热能的主要来源，这种膳食结构模式和西方以动物性食物为主食的膳食结构模式相比，其人群的心、脑、血管性疾病，高血压、糖尿病、癌肿等“现代文明病”的发病率明显低得多。五畜是指动物性肉食，每天进食适量的肉、蛋、奶、鱼等食品，有利于儿童发育、生长，有助于孕妇和哺乳期妇女的营养补充，有利于营养缺乏及体衰病人恢复体质。果蔬中含有人体必需的大量维生素和矿物质，与人体新陈代谢关系密切。隋唐年间，著名医学家杨上善据此论述对饮食与养生的关系做了进一步阐述。他说："五谷、五畜、五果、五菜，用之充饥，则谓食，以其疗病，则谓之药。是以脾病宜食粳米，即其药也；用饥虚，即为食也。故但是入口资身之物，例皆若是。此谷畜、果、菜等二十物，乃是五行五性之味，脏腑血气之本也，充虚接气，莫大于兹，奉性养生，不可斯须离也"。充分强调了饮食在养生中的重要作用。

我国饮食养生思想的明确，独立发展乃至成为一种社会性的实践活动是在汉代以后，当时经济发达，贵族生活较为悠闲，政治上推崇老庄思想，贵族阶级中仙道之风盛行，道家思想逐渐向宗教化演变。对饮食养生的认识也涵盖了对饮食习惯的总结，如《吕氏春秋》记载："凡食之道，无饥无饱，是之谓五藏之葆"，是指大凡饮食应既不要饿肚子也不要吃得过饱，如此可使脾、肺、肝、肾、心五脏得以安适；"饮必小咽，端直无戾"，是指饮食一定要一点点慢咽，食物也端正地进入食道才不会伤害人体。又如"饮食有节，起居有常""不欲极饥而食，食不过饱，不欲极渴而饮，饮不过多，凡食过则结积聚，饮过则成痰癖"等。

总之，五谷、五果、五畜、五菜的膳食配伍原则正是中华民族膳食结构的指导思想。饮食养生的思想正是源于食医同源的认识和食医合一的思想与实践，是中国饮食思想中最独特的文化理念。

三、孔孟食道

孔子对饮食问题非常重视。他的饮食观完整而自成系统，涉及饮食原则、饮食礼仪、烹饪技术等多方面，为我国的古代饮食理论拓展了思维空间。但孔子等人却是一生栖栖惶惶，奔走列国，食生活消费水平不高，甚至可以说是"饭蔬食饮水"简陋粗糙，这不仅是由于他们的消费能力所致，更是他们"君子凛道不谋食""忧道不忧贫"的准则所致。奢华繁复的生活会消磨人的意志，不利于孔孟二人宏道济世的伟大事业。孔子的饮食思想是根植于他对人生意义的深切理解之中的，而他的食生活实践，则严格受制于他自我约束修养的规范之中。所谓孔孟食道，严格来说，即春秋战国时代孔子和孟子两人的饮食观点、思想、理论及其食生活实践所体现的基本风格与原则性倾向。

1. 王者以民人为天，民人以食为天

备受孔子推崇的《周礼》云："饮食男女，人之大欲存焉"，一语道出繁衍与进食乃人之本性，无可厚非。孔子肯定了合理满足人性的两大基本欲望的必要性。因此他主张统治者应在一定程度上满足民众的物质需求，使人民过上富足的生活，"足食、足兵，民信之矣"。"王者以民人为天，民人以食为天"的说法实际也是儒家思想的体现。儒家承认饮食是人的最大需求，从巩固统治者政权的角度，对解决老百姓的吃饭问题极为重视。孔子还主张先富而后教："既富之"，再"教之"（《论语·子路》），这表明他看到了民众基本物质利益的满足对教化的重要性，也就是说他承认对人欲的合理满足是"求仁"的前提。将饮食与治国安邦紧密联系，是以儒家思想能够被统治者推崇。

2. 食不厌精，脍不厌细

对孔子的饮食思想和原则最为熟知的论述是《论语·乡党第十》："食不厌精，脍不厌细。食饐而餲，鱼馁而肉败，不食。色恶，不食。臭恶，不食。失饪，不食。不时，不食，割不正，不食。不得其酱，不食。肉虽多，不使胜食气。唯酒无量，不及乱。沽酒市脯，不食。不撤姜食，不多食。祭于公，不宿肉；祭肉，不出三日，不食之矣。"孔子在这里阐述的是对饮食的主要要求，主要是针对祭祀时的膳食，也就是祭祀所用之原料应为最好，加工烹调应为最精，这样才能达到尽"仁"尽"礼"的意愿。可见，孔子"洁""美"的饮食思想是建立在"礼""仁"的崇儒重道基础之上的。如果摒去斋祭礼俗等因素，孔子的饮食主张可理解为饮食追求美好，加工烹制力求恰到好处，遵时守节，不求过，注重卫生，讲究营养，恪守饮食文明。

3. 注重礼仪规范，提倡礼制

儒家在政治上提倡修身、齐家、治国、平天下，称"天下如一家，中国如一人"，说明个人、家庭、家族、国家的密切关系即家国同构。儒家认为社会秩序主要存在于君臣、父子、夫妻、长幼之间，以君、父、夫、长为尊、为先，尊卑分明。进而形成了贵贱有等、夫妻有别、长幼有序的思想和行为准则。

儒家提倡的礼，一方面指的是行为上的礼仪，另一方面又指阶级等级长幼尊卑之礼。这种礼仪规范在饮食活动中更要注意遵守。除为祭祀准备恰当的膳食，体现对天地的敬畏、对祖先的崇敬等礼仪外，还有进食进餐的礼仪。如"乡人饮酒，杖者出，斯出矣"，即孔子和本乡人一道喝酒，喝完之后，一定要等老年人出去后，自己再出去。"子食于有丧者之侧，未尝饱也。"孔子在有丧事的人旁边吃饭，从来没有吃饱过。因为服丧者不会饱食，参加丧事者应有悲哀恻隐之心。《论语》一书是孔子的弟子编辑成册的记录孔子生前的主要言论书籍，其中"礼"字出现 74 次，"吃"和"食"共出现 71 次。

儒家思想强调礼，讲究长幼尊卑，讲究合乎礼法，这种思想的灌输，行为的约束实质上是一种治国的手段。即"以礼治国，以礼治家"，使礼成为处理人际关系、维护等级秩序的重要社会规范和道德规范，是中国饮食文化的重要组成部分。

4. 君子远庖厨

儒家思想的核心是讲究如何治国、为官、修身，把"学而优则仕"作为唯一的追求，把一切科技成果都视为“小术”，至于烹调技艺更是微不足道。这在很大程度上使得烹饪和许多服务性行业的社会地位每况愈下，很多从业者没有受教育的机会，也不被社会认可和尊重。这也使得在中国这个烹饪大国，一方面把吃饭看作是头等大事，追求菜点华美、技艺精湛、口味突出，另一方面出现烹饪从业人群文化水平普遍不高，虽然拥有高超技艺，但科技知识、理论水平严重滞后的怪现象。厨师是中国传统文化的主要创造者与传播者，他们的劳作和成就理应得到公正的评价，从业者的社会地位与待遇也应进一步提高。

5. 孔府菜/官府菜

随着历史的演变，在许多时候，人们对孔孟食道的理解已经脱离了祭祀的前提，离开了孔子的食生活准则和孔子饮食思想的根本，尤其是贵族统治阶级将“食不厌精，脍不厌细”用于指导日常饮食，自然是食物、食器都要精细、精美、奢华。特别是在明清两代，被封为“衍圣公”的孔子嫡系世袭家族，锦衣玉食，富贵荣华。尊孔子饮食思想创建的孔府菜，成为中华美食大家族中的独秀一枝，是最典型、级别最高的官府菜，它具有选料珍贵、烹调精细、技艺高超、形象完美、盛器讲究、菜名典雅、礼仪隆重的特点，与古齐鲁“雅秀而文”的风气一脉相承。

第二节　中国饮食文化的基本特征

一、五重的饮食文化

李曦在《中国烹饪概论》一书中将中国的饮食文化归纳为重食、重养、重味、重利和重理5个方面。

1. 重食

中国国土面积广阔，物产多样，但同时，却也因人口稠密导致人均资源非常有限。一些地区耕地面积不多，生产条件恶劣，如黄河流域的土壤易于板结和水土流失，故农业生产效率不高。另一些地区的经济开发较晚，如江南经济开发是在东晋以后，岭南的经济开发是在唐代以后，东北的农业开垦则是在晚清以后。

为此，先人对食源进行了广泛大胆的尝试，除了尽力寻找新食源，同时还不断丰富食物的储存方法，发明了腌渍、风干、熏、腊等方法，由此衍生出许多创新食品，如腊鱼、腊肉、熏肉、风鸡、榨菜、霉干菜、香肠、火腿、冬菜、八宝酱菜、甜酱、咸酱、各色腐乳等。

一个民族食生活原料利用的文化特点，不仅取决于生存环境中生物资源的存在状况，同时也取决于该民族生存需要的程度及利用、开发的方式。中华民族食生活充分体现了自然和人工培育食物原料的广泛性，人们加工利用这些原料的最大可能性。中国饮食文化重食的传统和观念，正是在人口比例失调引起的长期食物缺乏和饮食资源的艰难开发中逐渐形成的。因此，“民以食为天”也是中国历代具有民本思想的统治者们重视和强调的治国根本。

2. 重养

中国人的重养是以重食为基点而产生的。养者，养生也，即通过养的方式以求得人体保持健康状态并达到长寿的最佳效果。中医认为“药补不如食补”，因而食养是最基本的养生。如果说重食的目的是为了生存，那么，重养则是追求生存的质量。

尽管养生是古代上层社会的生活内容，但作为一种观念，它已无孔不入地渗透于社会的各个阶层之中，特别是在现代社会。中国人由“重养”衍生出了“药膳”“食疗”等概念。我国传统中草药是以天然植物、动物和矿物的原形式入药，其中许多药物品种本来就是可食之物，如茯苓、芦根、茶叶等，因而又有“药食同源”的说法。在中医“辨证施治”的理论指导下，将中药与食物搭配起来，用传统的饮食烹调技术和加工方法，制成色香味形效俱佳的膳食。总体而言，膳食中的“养”一方面是指用药膳来调理身体疾患，另一方面是指针对个体需要持续供给缺失的营养素，以合理膳食、均衡营养、增强体魄、恢复健康，实现饮食的营养、保健两大功能。

3. 重味

中国人一向注重食味，并一直把味作为衡量美食的第一标准。中国古代将烹饪风味流派称作“帮口”。口者，即口味，是区别不同风味流派的重要标准。就低级的生存需求而论，有食不必有味，但对高级饮食生活而言，重味必出美食。故在中国有“食为味之本，味为食之魂”的说法。

中国饮食文化在发展历程中，形成了以“齐和”为基本发展规律，以“中和”为基本美性特征的文化模式。和，就是调和，是调制美味的过程。中烹讲求“五味调和百味香”，因而味道间是相存相依的关系。至于品味，这在中国也是一门审美艺术。品味不但要品食之味，而且还要品环境、人事之味等。

4. 重利

此处的“利”表示吉利，在饮食中追求吉利，表现了国人求福避祸的民族心态。在中国饮食文化中，无论是宫廷菜、官府菜，还是寺院菜、市肆菜，“重利”重点表现在食物选材和菜肴命名上。春节的酒席上，江西奉新大获岭一带的农家必上两道菜，一道是“长吉”，即白糖拌柑橘；一道叫“有余”，即油炸鲤鱼。在扬州，人们过年时必吃两道炒菜，一道是"安豆"，即豌豆苗，寓意"平平安安"；一道是"路路通"，即水芹菜，寓意"心想事成，万事如意"。又如"子孙饽饽""长寿面""消灾饼""发糕"等米面食品，其名称无不流露出老百姓祈福禳灾的心理。

在全国许多地方，将对食物的命名与老百姓的祈福纳祥的愿望直接联系在一起更是普遍现象。在江西的农村，猪头被称作"神户"；猪舌头被称作"招财"；猪耳朵被称作"顺风"。这种叫法，最初与祭祀有关。至今，猪头仍然是民间过年或祭祖的重要贡品。在浙江沿海地区，猪头被称作"利市"，猪舌头被称作"赚头"。广东人的筵席上也常见"烤乳猪"，因烹制后上席的小猪保留了头、尾、手、脚，而取意"十全十美"，颇受欢迎。

5. 重理

中国古代的哲学家和思想家对人类饮食生活的理性思考是中国饮食文化中"重理"的重要体现，主要表现为对饮食问题的哲学思辨和道德规范。这与西方烹饪理论和烹饪哲学有着巨大的差别。

以《国语·郑语》中的一段话为例，"以和五味以调口，刚四支以卫体，和六律以聪耳，正七体以役心"，"声一无听，物一无文，味一无果，物一不讲"，大意是讲酸甜苦辣咸可满足人们的口味，四肢强健则保身体康泰，六种音律协调则悦耳动听，七窍顺畅则可辅导心智。由此古人认为多种因素相互配合可组成新的事物或达到更理想的效果。与之相反，如果只有一种声音则无法成就动听的音乐，只有一种颜色则无法成就缤纷的景象，只有一种味道也无法成就美味。古人以此强调百家争鸣，和而不同的观念。

又如《道德经》中提到伊尹向商汤王进言："治大国，若烹小鲜"，即做菜既不能太咸，也不能太淡，要调好作料才行；治国如同做菜，既不能操之过急，也不能松弛懈怠，只有恰到好处，才能把事情办好。《左传·晏婴论和与同》："和如羹焉，水、火、醯、醢、盐、梅，以烹鱼肉，燀执以薪，宰夫和之，齐之以味，济其不及，以泄其过。君子食之，以平其心。君臣亦然。"晏子在这里强调：和谐就像做肉羹，用水、火、醋、酱、盐、梅来烹调鱼和肉，用柴火烧煮。厨工调配味道，使各种味道恰到好处；味道不够就增加调料，味道过重就用水冲淡一下。君子吃了这种肉羹，可平和心性。国君和臣下的关系也是这样。

除了从哲学的角度讨论饮食活动，古人还喜欢从道德修养（礼）的角度对人的饮食行为加以思考和规范。其中最著名的是《论语·乡党》中孔子倡导的"食不厌精，脍不厌细""席弗端不坐""割不正不食""色恶不食"等。

二、中国烹饪的技术特色

中国饮食文化的特色既体现在民族文化价值方面，还体现在烹饪技术体系方面。中国菜讲求“中和之美”，“中”指恰到好处，合乎度；“和”指烹饪。要实现“中和之美”，就需要做到“调和”，即色、香、味、形、艺（器）的有机统一，如此才能既满足人的生理需要，又满足人的心理需要。基于食源的广泛性和人们进食心理的丰富性，中国烹饪具有突出的、灵活多变的技术特性，且工艺技巧复杂、烹饪工具多样、菜点品目纷繁、味形丰富、风味流派众多。

1. 手工制作，经验把握

中国肴馔制作的灵活性具有鲜明的阶级性。上层社会因为具有政治权势、经济实力、文化优势，其在饮食上的需求早已超越果腹的生物学本义，而是“口服品味、享乐人生”，而且饮食也超越了家庭意义而具有相当的社会学意义：官场和社交应酬、声势地位和礼仪排场的需要。因而上层社会尚食者的菜肴多为讲究时令和新异，且在色、质、香、味、形上引导着美食的审美观和价值倾向。下层社会的尚食者虽然受到财力等多方面限制，却也更善于用有限的材料调制不同的口味，尤其家庭中既不循严格章法，也不特别考虑烹饪技艺，却可烹制出无法替代的家的味道。

“手工制作，经验把握”是中国传统烹饪的典型特点，“大致差不多”的模糊性质也是中国菜肴制作的特点。中国菜点制作缺乏严格统一的量化指标，甚至也不去追求这种标准，因而千个师傅千个手法千番滋味。所以，中国传统烹饪对厨师的技艺、经验要求极高，烹饪者技术的熟练程度和具体操作时的发挥状态，则直接影响着肴馔的质量。高明的厨师能有章无矩、灵活随意，因时制宜、因地制宜、因人制宜创作出独具个人魅力的菜肴；但对于绝大多数厨工来说，烹饪还只能停留在技术的层面，因为厨师每一次具体烹制是在即兴状态下完成，没有也无法一成不变地把握每一道菜肴的量和质，它们都在厨者有经验的眼光和灵巧的手的掌握中。所以“手工操作，经验把握”既可谓是中国肴馔万千名目的源头，但在一定程度上也是中国烹饪技术难以流传的壁垒。

2. 刀工精湛，技法多样

中国烹饪工艺技巧最为复杂多样，厨师立身处世首先讲求刀工，这一传统自庖丁解牛开始，延续至今。中国淮扬菜最以组配严谨、刀法精妙、花刀富于变化著名。根据每种刀的外形大小、轻重薄厚不一，操作手法也不同。刀上的功夫按手法不同，分为直刀法、劈刀法、斩刀法、批刀法、剞刀法等套路。直刀法又分直切、推切、拉切、锯切、铡切、滚切；劈刀法有直刀劈、跟刀劈、拍刀劈；斩刀法有直刀斩、排刀斩、刮刀斩、敲刀斩；批刀法有平批、上批、下批、推拉批、锯批、抖批、旋料批、正斜批、反斜批；剞刀法有推刀剞、拉刀剞、直刀剞、花刀剞。花刀剞还分为牡丹剞、柳叶剞、蝴蝶剞、菊花剞、网纹剞、麦穗剞、蓑衣剞。

中国菜肴的烹调方法也甚为多样，如煮、蒸、烧、炖、烤、焖、烹、煎、炒、炸、烩、爆、熘、扒、炝、涮、汆、卤、酱、酥、拌等，其中又以蒸、炒最为独具匠心。炒还可细分为生炒、熟炒、爆炒、滑熘（滑炒）、炝炒、焦熘、糟熘、干煸等。无论何种方法，烹制者都需严格把控火候，火候即为中国传统烹饪的精髓所在。

3. 与时俱进，有容乃大

我国疆域辽阔，各地气候、自然地理环境与物产存在着较大的差异，加之各区域民族、宗教、习俗等诸多情况的不同，因而饮食文化资源极丰富。食文化因其核心与基础是关乎人们生存的基本物质，因而各区域间具有天然的通融性，无论历史上各文化区域间的封闭是如何的高垒深沟，绝对的自给自足和完全的与世隔绝都是不存在的。

比如，茶作为饮料，其饮用风习最初形成于西南地区，汉代以后茶的种植沿长江而下至大江南北推广开来，并于唐代形成普遍种植与全面推广。唐代通国嗜饮之风又很快流行于西北广大地区。与中土盛行饮茶之风相辉映的，是西藏地区的饮茶之习，那里因与西南的川、滇地区早有商道相通，饮茶风俗或更早于唐代。著名的茶马古道更成为中央政府或中原政权同周边少数民族的经济交流通道。

中国的区域版图在历史的洪流中几经更换扩充，各地间包括食文化在内的文化交流，受商贾活动、官吏从宦升迁、士子游学、役丁徭戍、军旅驻屯、罪犯流配、荒乱移民、出使、和亲、进贡、殖民管理的影响，都是食料、食品互通和食文化认识融会的渠道。而历史上的战争则往往能起到更大规模、更迅速、更积极、更广泛和深刻有力的食文化交流作用。

中华各民族间始终是相互依存、互置共进的关系，从根本上来说，正是各区域间互补性的经济结构和文化决定了彼此的共存共荣关系，决定了这种结构之上彼此沟通联系的民族共同体的全部社会生活。中国的饮食文化正是一个以汉族饮食文化为主体，其他民族饮食文化兼而有之的大体系。国际食文化学界更有“中华食文化圈”的观点，可理解为以中国为中心，包括朝鲜半岛、日本列岛以及更广阔的中国周边地区在内的广大亚洲地区属于同一食文化区域。中华本土食文化与周边国家食文化的历史交流彼此通融，相得益彰，因而呈现出毗连或邻近国土之间的共同体结构风格。

第三节 中华饮食文化名人名著

一、中华饮食文化名人

中国古代将以烹调为职业的人称为庖人。上古时期，由于烹饪活动常用于祭祀，故厨师的地位也比较高，传说很多圣人都善于烹饪。《楚辞·天问》中写道："彭坚斟雉，帝何食，受寿永多，夫何长久"。相传彭坚是黄帝的第八代孙，受封于大彭，故称彭坚，他烹饪的雉羹，被誉为"天下第一羹"。古时的厨师具有一定的社会地位，至少还未到"君子远庖厨"的地步。

1. *少康*

《古今图书集成·食货典》中记有"少康作秫酒"，秫为黏高粱，秫酒即为烧酒。少康又叫杜康，是中国夏朝第六任君主。因其父被叛臣杀害，母亲逃回娘家有仍氏（任姓，今山东济宁任城），生下少康。少康长大后为有仍氏牧正，又逃至有虞氏（今河南商丘虞城南）任庖正（掌厨），后娶有虞氏君主虞思的女儿为妻，并最终复国，还都阳夏（今河南周口太康）。少康是我国唯一做过厨师的帝王。

2. *伊尹*

伊尹，生活在约公元前16世纪的夏末商初，幼年被卖至莘国，在宫中做庖丁，技术高超。伊尹认为，尽管水生动物的肉味腥，肉食动物的肉味臊，草食动物的肉味膻，只要烹饪方法适宜，靠五味和水、木、火三材烹调，都可烹成美味佳肴。菜肴应久而不败、熟而不烂、甜而不过头、酸而不强烈、咸而不涩舌、辛而不刺激、淡而不寡味、肥而不腻口。

更难得的是，伊尹具有独到的政治眼光，《史记·殷本纪》中记载："负鼎俎，以滋味说汤，致于王道。"说的是，伊尹背着全套的做饭工具，以烹饪之道解说天下大势，劝汤承担灭夏兴商的大任。伊尹主张凡当政者都要像厨师一样善于调味，即通过五味调和满足用餐者的需要，作为国君也要体察民众疾苦，洞悉民众心愿，从而满足民众的需要。商汤为其折服，拜伊尹为右相。《吕氏春秋·本味》可谓我国最早的饮食文献，也详细记载了伊尹与商汤的谈话内容。

钱锺书先生也曾在《写在人生边上》一书中写道："伊尹是中国第一个哲学家厨师，在他眼里，整个人世间好比是做菜的厨房。"他将最伟大的统治哲学讲成惹人垂涎的食谱。这个观念渗透了中国古代的政治意识，所以自《尚书·顾命》起，总将做宰相比喻为“和羹调鼎”，以庖厨活动喻说安邦治国的还有《老子·六十章》：“治大国若烹小鲜”。

3. 易牙

易牙，精于烹调，长于辨味，是春秋时齐桓公的幸臣。据传齐桓公曾说“未曾食过婴儿的肉”，易牙竟把亲生的小儿作为鼎食，献给齐桓公。管仲评价其为：“人之情非不爱其子也，其子之忍，又将何爱于君！”果不其然，齐桓公年老重病时，易牙与竖刁专权，筑起高墙，内外不通，最后令齐桓公饿死。因此，为世人所不齿。

二、中华饮食文化名著

我国自西周以来，陆续出现了一批有关烹饪的典籍，特别是魏晋南北朝时期，有关烹饪的典籍尤丰。如西晋何曾的《平安食单》和《时蔬》，南齐虞悰的《食珍录》，北齐谢讽的《食经》，南北朝王微的《服食方》等都是当时的烹饪专著。可惜这些专著只留有书目，原书已无存，仅在其他古籍上有部分记载。

北魏时期贾思勰所著的《齐民要术》是中国保存最完整的综合性农学著作，其中关于烹饪方面的内容包括许多已经亡佚的烹饪史料，而且还收录了当时以黄河流域为中心，涉及南方和极远少数民族的数十种烹饪方法和200多种菜点，具有很高的史料价值。南北朝时，北方的面食盛行，相关的记述也较多。除《齐民要术》外，相继有史游的《急就篇》，扬雄的《方言》，刘熙的《释名》，崔寔的《四民月令》，高承的《事物纪原》以及《后汉书》《晋书》《齐书》《荆楚岁时记》等。此外，流传下来的古籍还有隋代谢讽的《食经》；唐代韦巨源的《食谱》，郑望之的《膳夫录》，段成式的《酉阳杂俎》；五代陶谷的《清异录》；宋代的《太平御览 饮食部》，林达叟的《本心斋蔬食谱》，林洪的《山家清供》，赵希鹄的《条变类编》；元代倪瓒的《云林堂饮食制设》，贾铭的《饮食须知》，忽思慧的《饮膳正要》。这些饮食著作对我国烹饪业的发展，起到了很大的指导作用。

忽思慧所著的《饮膳正要》继承和吸收了我国古代饮食学的经验，除记录有药膳菜肴、汤类、抗衰老药膳方剂，以及各种肉、果、菜、香料的性味和功能外，还阐述了饮食营养与健康的关系、饮食禁忌等，从营养学角度提出了许多关于身体健康的重要观点。忽思慧认为饮食固然应注重营养，而科学的饮食习惯也很重要。书中记载“故善养性者，先饿而食，食勿令饱；先渴而饮，饮勿令过。食数而少，不欲顿而多；盖饱中饥，饥中饱。饱则伤肺，饥则伤气。若食饱，不得便卧，即生百病”。饮食应薄滋味、节嗜欲、不过饥、不过饱、不挑食、起居有常、饮食有节、夜不可多食、莫吃空茶、食宜少些、食宜早些、食宜暖些、食宜软些、食宜缓些、食宜淡些，这些都是宝贵的饮食养生经验之谈。

明清时期的烹饪著述上也有重大建树，烹饪研究与菜谱整理成绩显著。明代有吴氏的《中馈录》，周履靖的《群物奇制》，高濂的《遵生八笺》，宋诩的《宋氏养生部》，韩奕的《易牙遗意》，穆世锡的《食物辑要》，无名氏的《居家必用事类全集》等。清代有朱彝尊的《食宪鸿秘》，顾仲的《养小录》，李化楠的《醒园录》，黄云鹤的《粥铺》，薛宝辰的《素食说略》，李渔的《闲情偶寄》，袁枚的《随园食单》和童岳荐的《调鼎集》等。这些烹饪文献中，既有总结前人烹饪理论方面的；也有饮食保健方面的，有记录古菜谱大全的，也有记录地方名食和居家饮膳的；更有指导炉案操作的。从烹饪原料、器具、工艺、产品到饮食消费，都有不同程度的理论研究和概括，并形成了较为完善的体系。

以清代袁枚的《随园食单》为代表，书中记录了我国从14世纪到18世纪中叶流行的326种食品，将细微难言的鼎中之变阐述得层次分明，将中国烹饪理论推向了成熟阶段。袁枚在这本烹饪著作中的重要论述有：①注重原料选择，指出“大抵一席之肴，司厨之功居其六，买办之功居其四”；②强调原料搭配，讲究食肴的色香味美和原色原香，指出“一物有一物之味，不可混而同之”；③强调烹调诸要素的作用及相互制约的关系，将烹调美食看成是一个系统工程，需要各方面的条件；④主张破除陈规陋习，创造符合实际需要的食物，指责那种片面追求食物名贵的做法和力求以多为胜的虚名，认为如果仅仅是为了炫耀富贵，不如就在碗中放上百粒明珠，岂不价值万金；⑤讲究装盘，即根据菜肴特点选择搭配的器皿；⑥重视上菜顺序和进食艺术，认为上菜顺序应先咸后淡，先浓后薄，先无汤后有汤。

第四节　当代中国饮食行为与膳食指南

一、当代中国饮食行为之一隅

安全、营养、健康是现代饮食文化中当之无愧的核心。随着生活水平提高，人们的就餐选择日益丰富，不仅肉蛋奶瓜果蔬菜海鲜河鲜等四季常有，各色风味餐厅也是鳞次栉比，各大超市中还不乏各色零食或冷冻半成品等任君选择。人们的菜篮子丰富了，餐桌丰盛了，是不是就不用再为吃什么、怎么吃犯愁了呢？答案诚然是否定的。

当代国人的饮食行为正悄然改变，随之引发的社会争论也从未停止，概括重点，改变有三。

第一，以中青年和青少年为主的外食族群体增加。这些人或因工作忙碌，或因不善烹饪，或因远离家人，或受周围人群影响，或受广告、折扣、明星代言等诱惑，长期外出就餐。许多家庭虽不至于常年外食，但外出就餐次数也在急剧增加，使得餐饮市场格外热闹，逢年过节尤其。外食族的蔚然成风，一方面虽带动了饮食消费，有利于餐饮市场的发展繁荣，另一方面，却也带来家庭归属感缺失的社会隐忧。在中国的传统观念中，餐桌应是团圆的象征，人们一边品尝家的味道，一边闲话家常，联络感情，其乐融融。避开外出就餐的卫生安全隐患和营养均衡问题不谈，但就归属感和幸福感而言，外食一族都较经常在家做饭、吃饭的人群偏低。

第二，以青少年和婴幼儿为主的营养过剩群体增加。据美国耶鲁大学的调查，当前虽然仍有部分发展中国家存在非常严重的食物匮乏问题，但是营养过剩才是全球性的问题。当代中国家庭，由于无知和溺爱，许多孩子的饮食结构极不合理，日常饮食中肉类、外食、快餐、零食比重剧增，加上缺少运动，从而导致营养过剩和儿童肥胖。根据国际权威杂志《自然》《科学》上的研究报道，以前常见于成人的成年始发性糖尿病，现已亟待废弃此称呼而专称Ⅱ型糖尿病，因为越来越多的八九岁儿童即患上这种由于不良生活习惯引发的糖尿病，而他们当中的大多数会在 20 岁左右接受冠状动脉搭桥手术，有些人甚至会在 30 岁左右失明。

第三，以中老年人为主的关注饮食保健的群体增加。现代社会，面对丰富的饮食选择和不同饮食文化的冲击，中国传统膳食结构已受到严峻挑战，不断西化的膳食结构正在改变中国人的疾病谱。人们减少从植物中摄取不饱和脂肪酸，而更多的是从肉类食物中获得饱和脂肪酸。虽然脂肪摄入总量相差不多，但脂肪的种类却有很大的差异。再如，由于过度精加工，许多原料中的纤维素和微量元素在加工过程中流失。因此，应该及时认识到现代饮食结构的改变，关注饮食保健，同时，也应及时开展科学引导和教育，避免大众盲目跟风，或矫枉过正。

二、膳食与营养素

营养素（Nutrient）是食物中可以提供给人体生长所必需的物质，根据人体的需求量可分为宏量营养素和微量营养素。宏量营养素包括碳水化合物、脂肪、蛋白质、纤维素和水。微量营养素包括矿物质和维生素。其中，碳水化合物、脂肪和蛋白质是人体的供能营养素，每克碳水化合物或蛋白质可提供 4 kcal 能量，每克脂肪提供 9 kcal 能量。其他营养素虽不提供能量，但在人体的生理活动中同样具有重要的不可替代的作用。

自古人类的日常饮食就具有多样性的特点，食源的种类大体上可分为谷类、畜禽肉类、鱼虾水产、蛋类、奶类、豆类、蔬菜、水果和现代加工食品。各种食源都可以提供复合的营养素，只是营养素的含量各不相同。日常只要搭配合理、不偏食，就能保证人体正常所需。

1. 主食与碳水化合物

碳水化合物是三大供能营养素之一，可保证正常量的血糖、肝糖原和肌糖原，以维持大脑活动、肝脏解毒和肌肉活动。日常饮食中，碳水化合物主要来自谷类食品，如人们经常食用的稻米、面粉、玉米、小米、高粱等。谷类食物也可提供部分蛋白质、膳食纤维和无机盐类微量元素，只是由于现代对谷类加工过于精细，这部分营养素在精白米面中的含量较低。

自然界中的碳水化合物可分为单糖、双糖和多糖。单糖包括葡萄糖、果糖、半乳糖；双糖是由两个单糖组成，包括蔗糖和乳糖；多糖是由两个以上的单糖组成。日常进食的水果中以葡萄糖、果糖为主，家庭中食用的绵白糖属于蔗糖，而牛奶中富含乳糖。多糖又可分为水溶性多糖和水不溶性多糖两类，谷类食物中常见的水溶性多糖为淀粉。多糖在人体内会被最终降解为葡萄糖，进入糖代谢途径后，转化为水、二氧化碳和能量。

从人体对不同碳水化合物的消化吸收速率上看，结构越简单的糖其消化吸收的速率就越快，即单糖比双糖、双糖比多糖更易被人体利用。医学上常用血糖指数（Glycemic Index，GI）衡量食物摄入人体后的生理状态，即食物引起的餐后血糖反应。血糖指数的定义为含有 50g 有价值的碳水化合物的食物与相当量的葡萄糖相比，在一定时间内（一般为餐后 2 小时）引起体内血糖应达水平的百分比值。含有等量碳水化合物的食物，其消化吸收率和引起的血糖反应是不同的，高 GI 食物的餐后血糖高，而低 GI 食物则相反。

由于高 GI 食物进入胃肠道后消化快、吸收率高，葡萄糖入血快，引起的血糖峰值高。此时，机体会因血糖升高而开始分泌胰岛素以调节血糖。由于高 GI 食物的糖是被短时大量释放，因而短时间后机体血糖又会呈现大幅降低，而人体对胰岛素分泌的调节则会相对滞后，因此就会导致人体血糖低于正常值（如图 3-1 所示）。这就可以解释人们在饥饿时直接摄入糖或巧克力等食物后，在短时间内会再次感到饥饿，甚至出现低血糖的症状。与此相反，如果摄入的是低 GI 食物，则餐后血糖的升高和减低都较缓慢（如图 3-2 所示），而人体的饱腹感也会更持久。

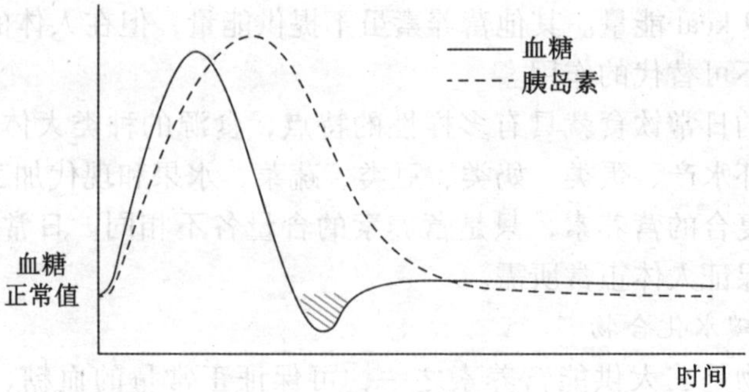

图 3–1　进食高 GI 食物后血糖变化示意图

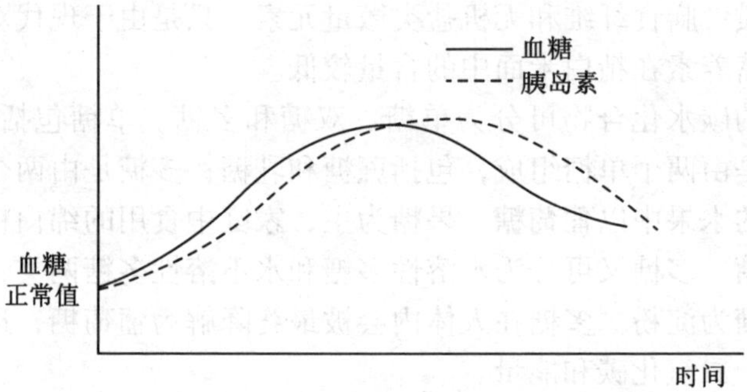

图 3–2　进食低 GI 食物后血糖变化示意图

食物的血糖指数受多方面因素影响，如食物中糖的类型（葡萄糖或果糖）、糖的构成（直链淀粉和支链淀粉的比例）、食物淀粉的物理性状和烹调加工（淀粉的糊化程度、颗粒大小等）、食物的化学成分和含量（膳食纤维、脂肪、蛋白质、酸度等）。一般食物中，如果多糖含量高时，GI 值偏低；如直链淀粉含量高时，GI 值偏低；高脂肪、高蛋白、酸性食物因能降低胃的排空能力，减少淀粉胶化，通常也有低的 GI 值。日常饮食中，建议综合考虑各因素，首选低 GI 食物（如表 3–1 所示）进食，并搭配富含纤维素、蛋白质和不饱和脂肪酸的食物一同食用。

表 3–1　部分食物血糖指数 GI 参考

食源	极低 GI	低 GI	中等 GI	高 GI
谷物类		大麦、糙米、荞麦、燕麦、黄米、黑麦、全麦	小米	精白米面、西米

续表

食源	极低GI	低GI	中等GI	高GI
蔬菜类	芦笋、鳄梨、青椒、白菜、菜花、西兰花、甘蓝、卷心菜、芹菜、黄瓜、茴香、豇豆、蘑菇、芥菜、橄榄（油）、生菜、菠菜、西葫芦、西红柿、萝卜	胡萝卜、茄子、蒜、青豆、洋葱、海带、倭瓜	甜菜、玉米、韭菜、白薯	土豆（土豆泥、烤土豆、即时薯片、炸薯条）
水果类		苹果、香蕉、柚子、葡萄、猕猴桃、柠檬、橙子、梨、李子、草莓、蓝莓、树莓、蔓越莓	杏、菠萝、木瓜、西瓜、哈密瓜、无花果、葡萄干	
坚果类	亚麻子、芝麻	杏仁、腰果、花生、南瓜子、向日葵籽、核桃		
豆类	大豆、豆腐、豆豉	黑豆、芸豆、豌豆、鹰嘴豆、扁豆		
海鲜类	虾、鳕鱼、三文鱼、吞拿鱼、沙丁鱼	扇贝		
畜禽肉类	牛肉、鸡肉、羊肉、火鸡肉			
乳制品		奶酪、鸡蛋、牛奶、酸奶		

2. 肉鱼蛋奶坚果制品与脂类、蛋白质

（1）脂类

脂肪组织是绝大多数脊椎动物特有的构造，可以使其在一段时间不进食的情况下，也不会因能量耗竭而死。善于将食物中的能量转化成脂肪储存在体内，正是人类漫长进化的结果。人体的脂肪组织主要分布在皮下组织、大网膜、肠系膜和肾脏周围，除了能够储存能量，保存人体热量等，也可保护各脏腑器官免受冲撞，是人体必需的营养物质。

脂类包括脂肪和油，前者是在室温下呈固态的油脂，后者则在室温下呈液态；前者多含饱和脂肪酸，后者多含不饱和脂肪酸。脂类所含的碳、氢比例较碳水化合物高，所以经人体代谢后产生的热量也更高。常被提到的饱和脂肪酸、单不饱和脂肪酸、多不饱和脂肪酸只是组成脂肪的一部分。相较于天然不饱和脂肪酸而言，过量摄取饱和脂肪酸更容易导致人的心血管方面疾病，而且一般人非常容易过量摄取饱和脂肪酸，因此建议少吃。大多数的天然不饱和脂肪酸都是顺式的，但高温之下容易变质，保存不当也很容易酸败。其中只有亚油酸和α-亚油酸属于人体必需氨基酸，即人体内（或其他高等动物）不能自行合成、但又必须从食物中获得的脂肪酸。除上述饱和脂肪酸和天然不饱和脂肪酸外，还有一类是人工不饱和脂肪酸，即反式脂肪酸，研究证明反式脂肪酸对人体的危害远大于饱和脂肪酸，所以应尽量避免摄入。

（2）蛋白质

蛋白质是一种由氨基酸分子组成的有机化合物，是人及其他哺乳动物饮食中必需的营养物质，其中9种氨基酸为必需氨基酸，即人体无法自行合成而必须从食物中获取。蛋白质与多糖、核酸等生物大分子一样，是地球上生物体中的必要成分，参与了细胞生命活动的每一个进程，如代谢、细胞信号传导、免疫反应、细胞黏附和细胞周期调控等。

（3）脂类和蛋白质的食源

畜禽肉类食品的蛋白质无论从质还是量而言，都属于人体的优质蛋白质，含量在10%~20%。一般瘦猪肉的蛋白质含量为10%~17%，肥猪肉则只有2.2%；瘦牛肉为20%左右，肥牛肉为15.1%；瘦羊肉17.3%，肥羊肉9.3%；兔肉21.2%；鸡肉23.3%；鸭肉16.5%；鹅肉10.8%。

畜禽肉类食品也是动物性脂肪的主要来源，常见肉类的脂肪含量平均值为：猪肉20%~35%，牛肉10%~20%，绵羊肉10%~20%。畜类脂肪中饱和脂肪酸高于禽类脂肪，如猪油含42%，牛油含53%，羊油含57%，而鸡油只含26%，鸭油含29%。畜禽肉类食品还可提供少量碳水化合物、无机盐和维生素。

动物肝脏中维生素B_{12}和维生素A含量丰富，也能提供蛋白质。猪、羊、牛的肝脏，蛋白质含量约为21%；鸡、鸭、鹅的肝，蛋白质含量为16%~18%。

鱼类等水产食品在蛋白质的营养价值方面可与畜禽肉类媲美，脂肪含量为70%~80%，且为多不饱和脂肪酸，胆固醇含量也较低，所以远比畜禽肉类脂肪为优。含铁、钙等无机盐和微量元素比畜禽肉类高几倍至十几倍，含丰富的碘、较多的维生素B_2和烟酸。鱼肝富含维生素A和D。鱼类以外的海产动物，营养价值与鱼类相似。海产植物如海带、紫菜等含有10%~30%的蛋白质，也含较多的钙、铁、碘和维生素。

鸡、鸭、鹅蛋的化学组成基本相似。鲜蛋含蛋白质为13%~15%，含维生素A、D和B_2较多，营养价值最高。牛奶含蛋白质和钙较多，也是维生素A、B_2的良好来源，但含铁少。豆制品、坚果和谷物也能提供部分人体所需蛋白质，只是与肉类蛋白质相比，植物类食物所提供的蛋白质有时不能涵盖全部8种人体必需氨基酸，或者是含量不足以满足人体所需，所以应与肉类蛋白质搭配食用。另外，坚果中通常含有较高的坚果脂肪（不饱和脂肪酸），富含维生素 E 和锌、铁、钙、镁等微量元素。

3. 瓜果蔬菜与膳食纤维、维生素、矿物质

膳食纤维是指不能被人体消化分解的非淀粉多糖类及木质素等，可分为水溶性膳食纤维和水不溶性膳食纤维两大类。水溶性膳食纤维具有延缓胃排空、防止血糖急剧上升、降低血胆固醇的功能。非水溶性膳食纤维具有增加粪便体积、促进肠道蠕动、预防便秘和痔疮、预防憩室炎及大肠癌的功能。但过多摄取膳食纤维也会干扰人体对钙、镁、锌等矿物质及微量营养素的吸收，一般建议量为每日摄取 20~30g。膳食纤维的主要来源有粗粮、豆类、青菜、地瓜、水果、食用菌等。

维生素是一系列有机化合物的统称，是生物体所需要的微量营养成分，一般无法由生物体自己生产，需要通过饮食等手段获得。人体一共需要 13 种维生素，其中包括 4 种脂溶性维生素（维生素 A，D，E，K）和 9 种水溶性维生素（8 种维生素 B，维生素 C）。维生素主要起到协调新陈代谢的作用，无论是缺乏维生素还是过量摄取，都会导致严重的健康问题。维生素的主要食物来源参见表 3–2。

表 3–2　维生素的主要食物来源

名　称	来　源
视黄醇类（维生素 A）	鱼肝油、动物肝脏、麦麸、深绿和黄红颜色的蔬菜（红凤菜、红萝卜、地瓜叶、菠菜、秋葵、苋菜、韭菜）、水果（哈密瓜、水蜜桃、杧果、杏）
硫胺（维生素 B_1）	肉类、酵母、肝脏、大豆、糙米、胚芽米、米糠、芝麻、腰果、燕麦
核黄素（维生素 B_2）	酵母菌、蔬菜、蛋类、牡蛎、牛奶、乳酪
烟酸（维生素 B_3）	谷物、肝脏、米糠、蛋、牛奶、起士、乳酪
泛酸（维生素 B_5）	酵母、谷物、肝脏、蔬菜
吡哆醇类（维生素 B_6）	酵母、牛肉、胚芽、蛋类、乳制品
生物素（维生素 B_7）	酵母菌、肝脏、全麦面包
叶酸（维生素 B_9）	蔬菜、坚果类、豆类
钴胺素（维生素 B_{12}）	肝脏、鱼类、肉类、蛋类
胆碱	肝脏、蛋黄、乳制品、大豆
肌醇	心脏、肉类
抗坏血酸（维生素 C）	新鲜叶菜类蔬菜（特别是蔬菜代谢旺盛部分，如嫩叶、幼芽和花部）、水果（柑橘、山楂、鲜枣、猕猴桃）
钙化醇（维生素 D）	鱼肝油、蛋黄、乳制品、酵母菌
生育酚（维生素 E）	胚芽、蛋黄、植物油、坚果类、鱼类
萘醌类（维生素 K）	菠菜、苜蓿、白菜、肝脏

矿物质，又称无机盐，是除碳、氢、氮和氧之外的生物体必需的化学元素，也是构成人体组织、维持正常的生理功能和生化代谢等生命活动的主要元素，约占人体体重的4.4%。它们可以是巨量矿物质（需求相对比较大）或微量矿物质（需求较小）。人体摄入的钙主要来源于奶类制品、绿叶类蔬菜，镁来源于坚果、大豆、可可，钠来源于食用盐、牛奶、菠菜，钾来源于豆类、五谷、香蕉，氯来源于食用盐，硫来源于肉类、蛋、豆类，铁来源于红肉、叶菜类蔬菜。

总体而言，果蔬是人体胡萝卜素、维生素C和钙、铁、钾、钠等元素的重要来源，果蔬中所含的膳食纤维、有机酸、芳香物质等也有益于增进食欲，促进消化。蔬菜、水果常因加工烹饪不当而损失营养素，如切洗流失、加热氧化、金属离子触媒破坏等。某些蔬菜习惯上废弃的部分，如萝卜缨、芹菜叶中分别含有较多的钙、胡萝卜素、维生素 B_1、B_2 和C等，可加以食用。

4. 饮料与水

水是人体的重要组成部分，是新陈代谢的必要媒介、反应剂，还是身体的润滑剂和温度调节剂。人对水的需求量主要受年龄、环境温度、身体活动等因素的影响。根据欧洲食品安全局（European Food Safety Authority，EFSA）2010年公布的数据，健康成年女性每日推荐摄水量为2升，健康成年男性为2.5升，其中约有80%来自日常饮用水，20%来自食物。饮水不足或过量都会对人体健康带来危害。

喝水建议喝温白开水，不会刺激胃肠道的蠕动，不易造成血管收缩，可直接被人体吸收利用。目前市场中出售的饮料品种繁多，但无论是碳酸饮料、果汁、乳酸饮料还是运动饮料，都不能替代水，而且还应该尽量避而远之。市售饮料、果汁大多含有大量的糖分（3%~11%），摄入后不仅会减慢胃肠道吸收水分的速度，同时会引起全日碳水化合物摄入量超标，如果长期大量饮用可能会引起脂肪堆积。一听350 ml的可乐所含的能量等同于一片面包、一个玉米或250g水果，但其他营养物质却几乎没有。世界卫生组织（World Health Organization，WHO）建议每日以餐桌糖、糖果形式摄入的能量应不超过总能量的10%。各种碳酸饮料和果汁饮料中还多采用柠檬酸作味剂，代谢过程中会加速钙的排泄，长期饮用会导致缺钙。另外，骤然摄入大量有机酸会引起pH值不平衡，引起的酸血症会使人疲乏、困倦。

三、居民膳食指南

从能量供应的角度看，一日三餐应按照早餐供能占全日能量的25%~30%、午餐35%~45%、晚餐30%~35%分配为宜；三大供能营养素则以碳水化合物供能 60%～70%、脂肪供能 20%～30%、蛋白质供能 10%～15%分配为宜。

1989 年，根据平衡膳食理论制订的饮食指导原则，我国首次发布了《中国居民膳食指南》，其目的在于优化国民饮食结构，减少与膳食失衡有关的疾病发生，提高全民健康素质。该指南已在 2016 年完成了第三次修改。在本书撰写时 2015 年新版修订稿也已基本完成。新版膳食指南将具有营养教育、实践指导、饮食文化引导等多重功能。

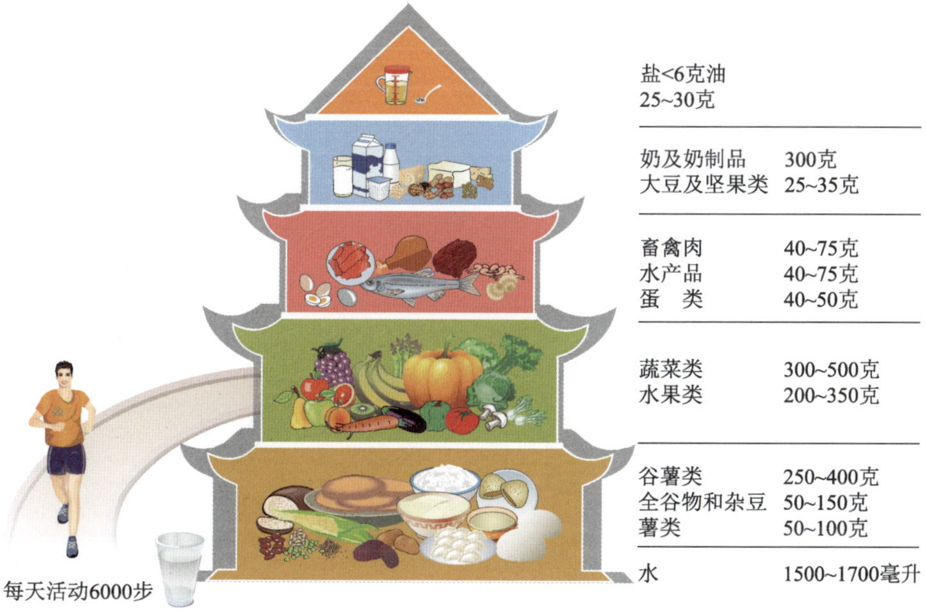

图 3-3　中国居民膳食宝塔（2016 年）

指南建议成年健康人群饮食应：食物多样，谷类为主，粗细搭配；多吃蔬菜、水果和薯类；每天吃奶类、大豆或其制品；常吃适量的鱼、禽、蛋和瘦肉；减少烹调油用量，吃清淡少盐膳食；食不过量，天天运动，保持健康体重；三餐分配要合理，零食要适当；每天足量饮水，合理选择饮料；如饮酒应限量；吃新鲜卫生的食物。另外，指南也对孕妇、乳母、婴幼儿、学龄前儿童、青少年以及老年人等特定人群制定了相应的指南。

在世界范围内，各个国家或地区也都制定了针对本国的居民膳食指南（如图 3-4 所示），总体而言，都肯定了每日应有充足的水、适量的运动和均衡的食源。但有时，膳食指南的不同表现形式也可能给使用者带来困惑。例如，常见的金字塔形式，可按照不同食源的摄取推荐量多少对应金字塔各层的面积进行分配，所以谷物类食物因摄入量大通常被摆放在最下层，而油脂类食物常在上层。而在常规思维中，金字塔从底部到顶端常有从差到优的递进关系，如用在此处则十分不妥。所以，美国农业部（US Department of Agriculture，USDA）在 2005 年，将美国居民膳食指南由层级递进式的金字塔模式改为散射状的金字塔模式（如图 3-5 所示），以显示各食源虽功用不同、推荐摄入量不同，但同等重要。

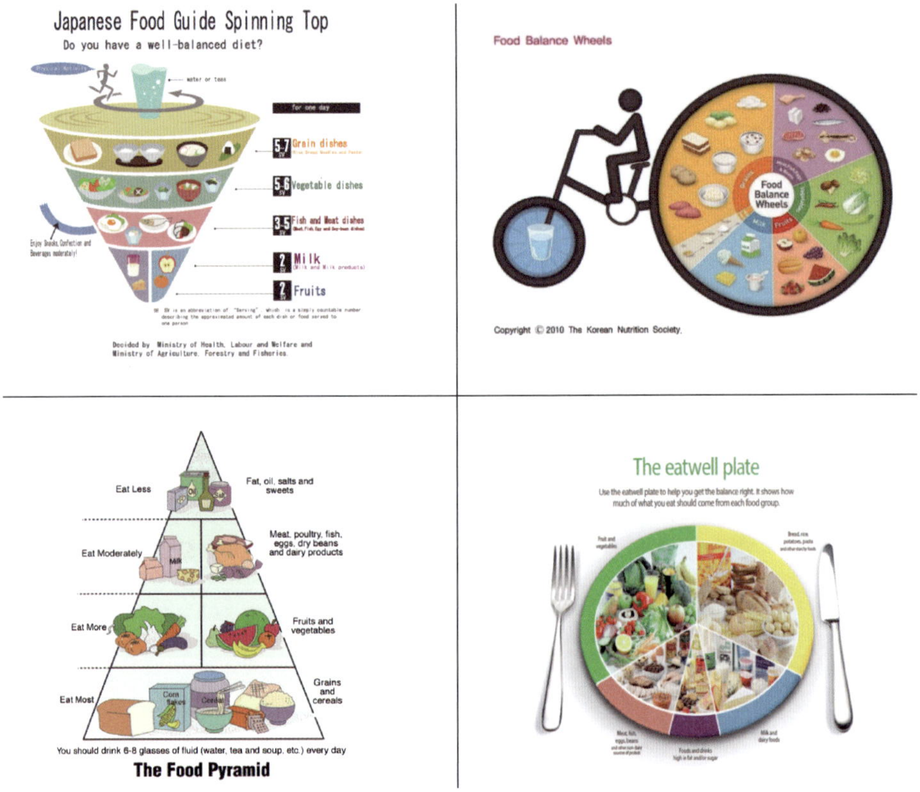

图 3-4　其他国家和地区的居民膳食指导图

上左：日本，上右：韩国，下左：中国香港，下右：英国

膳食指导图的另一个缺点是较为宏观，使用者在进餐时对摄取量的把控仍显困难。2011 年，USDA 又开始推行 MyPlate 计划，从进餐的角度将不同食源进行量化（如图 3-6 所示）。图中蔬菜和水果栏的彩虹，是在提醒用餐者应注意食源的多样性。在关注定量搭配食物的同时，图中虚线也在提醒用餐者：在可能的情况下应使用较小的餐盘替代较大的餐盘，以避免摄入过量的食物。

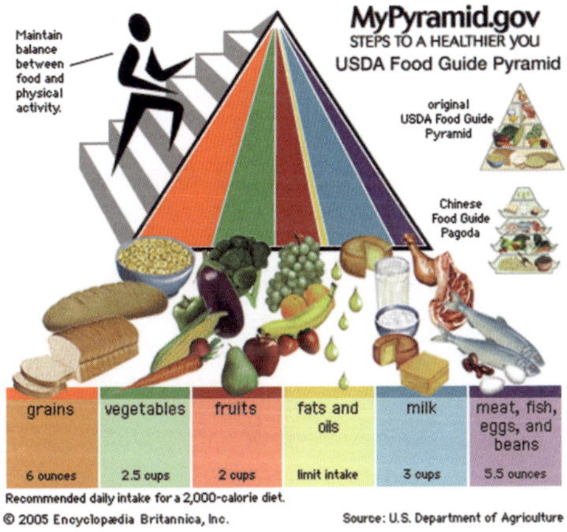

图 3-5　美国居民膳食指南

2011 USDA MyPlate

图 3-6　美国餐盘膳食计划示意图

学习重点

1. 中国饮食思想与饮食特征的关系

中华民族饮食文化的形态特征明显地存在着食物原料选取的广泛性、进食心理选择的丰富性、肴馔制作的灵活性、区域风格的历史传承性和各区域间文化的通融性五大特性。其中涉及食物原料生产、加工、利用，饮食思想、习惯、心理，肴馔制作工艺特点、传统，文化风格的历史成因、区域分野，区域间食文化的交互作用等民族食生活、食文化的诸多领域。“五重”的饮食文化是对我国民族食文化表征的典型概括。学习时，应注意将表征与理论相结合，深刻理解中国传统饮食文化的成因。

2. 科学饮食

合理的饮食与习惯是人健康生活的保证。中国传统膳食结构是以粮、谷、豆、蔬、果等植物性食料为主，辅以少量肉类、海河鲜，主、副食界限明显。整体以热食、熟食为主。总体而言，这种传统膳食结构是符合现代营养学健康要求的。但随着现代饮食环境的改变，食源的选择日渐丰富，中国人的膳食结构也悄然改变。通过本章学习，学生应在理解中国传统饮食特征的同时，学会关注现代饮食环境变化，具备基本的膳食营养知识，养成健康的饮食习惯。

学习难点

1. 理解“孔孟食道”对中国传统饮食文化的影响

应首先明确何为“孔孟食道”，严格来说是春秋战国时期孔子和孟子两人的饮食观点、思想、理论及其食生活实践所体现的基本风格与原则性倾向。能够联系中国现代饮食习惯等，解释“孔孟食道”是如何影响中国饮食文化的形成与发展，并能够辩证地评价这种影响。

2. 理解膳食与营养的关系

人体维持正常代谢所必需的营养素包括：碳水化合物、脂肪、蛋白质、膳食纤维、维生素、矿物质和水。上述每种营养素的生理功能不同，推荐摄取量也不同，且互相不可替代，缺一不可。谷物、畜禽肉、鱼虾海产、瓜果蔬菜、奶制品、蛋类、坚果、油类等食源，每种食源都可提供多种营养素，但每种营养素的含量不尽相同，而且没有任何一种食源可以提供全部的、充足的营养素，所以选择膳食时应该注意食源的多样性，不可偏食或挑食。

课后练习

1. 我国周代把医学分为四科，除疾医、疡医和兽医外，还有专门为王室调剂饮食并提供医疗保健服务的人员，这类人员被称为________。

2. 孔夫子食道可用“八字主张”概括为________。

3. “五谷为养，五果为助，五畜为益，五菜为充”的饮食思想源于我国古代经典著作《________》。

4. “中国饮食文化中表现出的食物原料选取广泛的特性，完全是由于中国人爱食、善食，不断追求尝试的结果”这一论述是否全面？为什么？

5. 请举例说明中国饮食文化的基本特点是什么，应如何理解？

6. 试解释分析“孔孟食道”对中国传统饮食文化的影响有哪些？

7. 仔细阅读中国和其他国家居民膳食指南，比较异同。

8. 根据本章所学，试分析评价自身的饮食习惯，通过小组讨论给出改进建议。

课外阅读与思考

图1和图2分别列出了部分发达国家和发展中国家在2010~2012年肉类的平均消费情况，以及至2012年的消费情况预测。试总结不同国家的肉类消费情况差异，并根据本章所学，查阅相关资料，分析差异存在的原因，评价不同畜禽肉

类的营养价值。

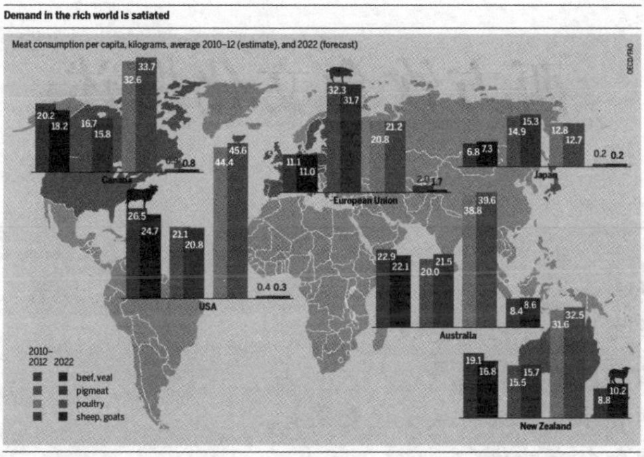

图 1　发达国家不同畜禽肉类选择食用情况

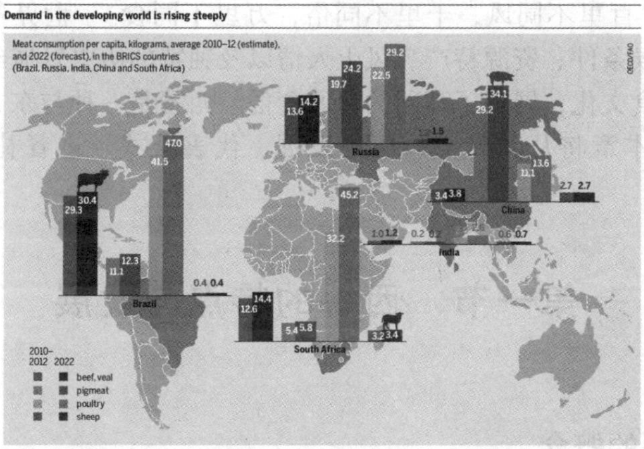

图 2　发展中国家不同畜禽肉类选择食用情况

“Meat Atlas 2014 — Meat Consumption in industrialised countries” 作者 Heinrich Boell Foundation, Friends of the Earth Europe - Meat Atlas (CC-BY-SA Heinrich Boell Foundation, Friends of the Earth Europe)。来自维基共享资源 - https: //commons. wikimedia. org/wiki/File: Meat_ Atlas_ 2014_ —_ Meat_ Consumption_ in_ industrialised_ countries. png#/media/File: Meat_ Atlas_ 2014_ —_ Meat_ Consumption_ in_ industrialised_ countries. png 根据 CC BY-SA 3. 0 授权。

第四章

西方饮食文化概述

【本章目标】

学过本章之后，你应该能够

- 了解西餐的概念和发展。
- 熟悉西餐不同菜式特点及代表菜肴。
- 掌握西餐餐桌礼仪。

俗话说："百里不同风，千里不同俗，万里不同食。"世界各国不同的自然地理环境、气候条件、资源特产、风土人情以及独特的历史发展经历造就了迥异的世界各国饮食文化，展现了不同的食风食俗。西餐是一种与东方饮食迥然不同的饮食文化，本章将从其特点、历史发展、代表菜式、进餐礼仪等方面加以介绍。

第一节　西餐的特点与发展

一、西餐的概念

通常所称的"西方"习惯上是指欧洲国家和地区，以及由这些国家和地区为主要移民的北美洲、南美洲和大洋洲的广大区域。作为文化概念，西方在现代政治中主要指工业发达国家，包括了欧洲、北美、大洋洲的澳大利亚和新西兰、亚洲的日本和新加坡。从广义上讲，西餐是我国人民和其他东方国家和地区的人民对西方国家菜点的统称，也可以说是对西方餐饮文化的统称。西方饮食文化中西方的定义则应该是指欧洲和18世纪以后的北美国家。

由于欧洲各国的地理位置较近，历史上多次出现民族大迁徙，其文化早已相互渗透融合，彼此有很多共同之处。西方人信仰的天主教、东正教、新教都是基督教的主要分支，因此在饮食禁忌、进餐习俗上也大体相同。南、北美洲和大洋洲由于欧洲移民占大多数且占有统治地位，因此其餐饮文化也与欧洲基本相同。

我国古人常常以为中国就是世界的中心，对待其他国家和地区习惯带上一种贬义称呼，把东方称为“夷”、西方称为“番”、北方称为“胡”、南方称为“蛮”。当西方文化和饮食进入中国时，中国人还无法分清何为意餐，何为法餐，只能统称为“番菜”。与此不同，西方人并没有“东方菜”的概念，而是细细划分，依国名具体命名，如中国菜、日本料理、韩国料理等。

实际上，西方各国的餐饮文化都有各自的特点，各个国家的菜式也都不尽相同，例如，法国人会认为他们做的是法国菜（La cuisinc Française）、英国人则认为他们做的菜是英国菜（British food）。西方人没有明确的“西餐”概念，这个概念只是中国人和其他东方国家的概念。由于对西餐的认识大体相同，并将这种与东方饮食迥然不同的西方饮食文化称为“西餐”。而未来，西方餐饮文化作为一个整体概念还会继续存在。

二、西餐特点

西餐烹调方法较为简练，多烧烤，重用调味酒，口味以咸甜、酒香为基调，佐以肥浓或清淡菜式，流派与筵席款式虽不丰富，但是质量精、规格高，重视饮宴场合的文明修养，喜好以乐侑食。

1. 原材料的选用

通常会选用新鲜的原料，并对质量和规格有着严格的要求。西餐常用的主要原料有：畜肉中以牛肉居多，其次是羊肉、猪肉等；海鲜则以各种海鱼、甲壳、贝壳为主，鱼类原料一般肉质坚实、味美、刺少，其他水产品包括甲壳类、软体类、头足类、腹足类，如龙虾、扇贝、牡蛎、海虹、蜗牛、鱿鱼、章鱼、墨鱼；禽肉以鸡、鸭、兔、鸽子、鹌鹑为主，也使用较多的野味，如山鸡、孔雀、雉、鸵鸟等；蛋类主要为鸡蛋，鹌鹑蛋则会在开胃小菜、零食中使用较多；奶及奶制品是西餐中必不可少的常用原料，主要为牛奶及其制品，如黄油、奶油、奶酪等。西餐基本上不使用头、蹄、爪、内脏、尾等副产品，只有法国等极少数国家会使用动物原料的副产品，如鸡冠、鹅肝、牛肾、牛尾等。西餐用料注重原料质地的新鲜度，所以与中餐相比通常缺少干货涨发环节。

西餐烹调中常用到多种调味品或香辛料，鲜干均可，如香法香、胡椒、迷迭香、百里香、鼠尾草、丁香、他里根、罗勒、莳萝、龙蒿等。西餐烹调中还善用酒类调味，以葡萄酒最为常用，高度酒中还常用到威士忌、白兰地、朗姆、金酒等。

2. 加工和烹调

西餐厨刀的种类非常多，针对不同原料使用相应的刀具，如去皮刀、剔鱼刀、牡蛎刀、奶酪刀、面包刀、火腿刀等。西餐烹调前，肉类、鱼类原料的骨头通常会被预先剔除掉，且很少会把原料加工成细小的刀口，大都是体积较大的排、卷、块等形状。

西餐烹调主要采用平底锅、平头灶或暗火灶，并带有烤箱、扒板等设备。烹调方法主要是煎、炸、烤、焖、烩、铁扒等，制作时讲究火候。西餐菜肴很少有明显的咸味，口味变化相对没有中餐多，但重视追求菜肴的鲜嫩效果，如牛排、羊排、海鲜等菜肴。通常西餐厨师会根据原料自身品质和特点，选择烹饪方法，肉质粗老的采用烩、炖烹饪工艺，肉质细嫩的采用铁扒、烧烤等烹饪工艺。

另外，少司的制作非常讲究，且种类繁多，几乎所有的菜都配有少司（Sauce）和调味装饰汁（Dressing）以增加菜肴的口味。

3. 菜肴分类

西餐通常用盘盛装，一盘热菜由主料、配菜（装饰菜）和少司三部分组成，每部分都单独制作，最后组合。

西餐上菜按照道数，所谓道数，就是正餐所要上菜的次数。正式宴会菜肴上菜顺序主要分为：餐前点心；零食；开胃菜（appetizer、entre），开胃菜会搭配开胃酒（aperitif，如香槟、Ricard、意大利 Martini 等烈酒）；汤（soup、potage），如清汤、奶油汤、蔬菜汤，喝汤的作用在于润滑口腔、咽喉、食道，方便后续食物的咀嚼摄入，防止干硬食物刺激消化道黏膜；主菜（main course、plat），正式为 3~4 道，普通则为 1~2 道；奶酪拼盘（cheese）；甜点（dessert）；茶或咖啡。这同时也是西餐上菜的次序。

三、西餐的发展

西餐的发展和整个西方文明的发展是分不开的，西方文明是从地中海沿岸发展起来的。西餐历经古代西餐、中世纪西餐、近代西餐和现代西餐，这些过程与其文化、政治、宗教等因素是分不开的。在政治上，西方发展上很少有国家始终保持统一大国的地位，分裂、割据状态频现，各国相对独立，发展无法平衡。在经济文化上，西方文明深受古希腊文明和基督教文化的影响，各国间相互独立又密切联系。所以由于政治上的长期分裂，经济、文化中心的不断迁移，在很大程度上导致了西方饮食烹饪历史呈现板块移动式、不平衡的发展格局，各国虽有各自不同的特点，但也有许多相同之处。

1. 古代西餐

公元前 3100 年，埃及形成了统一的国家，创造了古埃及文明。当时埃及法老自认为是地球的主宰，饮食的要求非常奢华，食物种类十分丰富。法老每天进餐 5 次，每次喝 2 种奶、4 种啤酒、1 种无花果酒、4 种葡萄酒，品尝 23 种佳肴。

那时尼罗河流域土地肥沃，盛产粮食，面包和蛋糕得到了发展。从宫殿和陵墓的壁画中，可以看到公元前1175年底比斯城的宫廷焙烤场面。画中展示出几种面包和蛋糕的制作情景。据说，普通民众把面包和蛋糕做成动物形状，替代活的动物来祭神。当时一些富人还捐款作为基金，以奖励那些在烘焙品种方面有所创新的人。据统计，当时面包和蛋糕的品种可达16种之多。

公元前2000年左右，古希腊的克里特岛、爱琴海诸岛、爱奥尼亚群岛和小亚细亚半岛西部沿海地带的古希腊人逐渐吸收古埃及和西亚的先进文化，创造了欧洲最古老的文化——爱琴文化。古希腊受埃及文化的影响，贵族阶层很讲究食物，日常食物已经有山羊肉、绵羊肉、牛肉、鱼类、奶酪、大麦面包、蜂蜜面包和芝麻面包等。同时还发明了水果蛋糕和杏仁蛋糕塔，蜂蜜也得到了广泛的使用。据称，古希腊是世界上最早在食物中使用甜味剂的国家。英式蛋糕中的“西姆尔”的水果蛋糕传说就是源于此时的蜂蜜蛋糕。

5世纪，西西里岛作为地中海的心脏，出现了高度的烹饪文化。由于当时的货物运输以海路为主，西西里岛成为中转站，欧亚非的食品原料都经过这里再转运出去。充足的食物原料，使这里的烹饪得到了充分的发展。当时烹调的方法，如煎、炸、烤、焖、蒸、煮、炙、熏等均已出现。此时，技术高超的厨师很受社会的尊敬，且分工明确，有采买、烧饭、服侍等，已接近现代厨房与餐厅分工的组织结构。

古罗马文明是公元前10世纪初在意大利半岛中部兴起的，在1世纪前后扩张成为横跨欧洲、亚洲、非洲的庞大罗马帝国，从面对地中海的北非到小亚细亚，以及现在的法国和西班牙都包括在内。古罗马的文化和社会高度发达，在吸收古希腊文明的基础上，又为西餐文化创造了新的风格。

古罗马宫廷的膳房已经形成了庞大的队伍，分有面包、菜肴、水果、葡萄酒四个专业部分组成，厨师不再是奴隶，厨师总管的身份与贵族大臣相同，拥有一定的社会地位。高级厨师的地位也很高，一般的贵族只有在举行盛大宴会时才聘用高级厨师招待客人，并以此为荣。在哈德连皇帝统治时期，罗马帝国在帕兰丁山建立了厨师学校，以发展西餐烹调艺术。据记载，在公元4世纪，罗马还成立有专门的烘焙协会。

由于古罗马帝国的强盛，所以在吃的方面十分讲究排场，食物的耗费量、家具的豪华程度都是主人地位高低的标志。古罗马人的食品原料相当丰富，葡萄和小麦的栽种技术广为流传，尤其在地中海沿岸地区遍植橄榄树，因此以橄榄入菜大为盛行。当时宫廷的日常食品有麦片粥、面包及各种蔬菜，其中大蒜比较受欢迎，水果主要有橄榄和葡萄。肉食价格昂贵，普通人很少食用，但在宫廷则供应充足，且发明了香肠和火腿的制作方法，讲究进食野味。此外，还有西班牙的泡菜、法国高卢的火腿、利比亚的石榴、英国的牡蛎、印尼的香料等都出现在贵族的餐桌上。调味料及香料的用法已大有进步，许多王公贵族还在自己家中尝试制作调味品，每种调味品都由多种原料复合而成。如由蛋黄、素油、柠檬、胡椒粉、芥末等调和而成的调味品，就是当今的马乃司。有的贵族还用家族的名字作为调味品的名称，以显示自己家族的权威。

在古罗马，吃不仅是为了满足生理上的需求，同时也是为了满足社交和自尊等方面的需求。罗马贵族的宴会通常可长达数小时，席间还有奴隶朗诵诗歌，演奏乐曲。此时进餐仍以手抓食，并以用三个手指取食视为文雅，进餐时每人右边要摆上浸泡花瓣的洗手钵。

5 世纪，罗马帝国的衰亡导致罗马饮食文化跟着没落。取代美食烹调食物的是各种保存食物的方法，如烟熏及盐腌的猪肉和鱼肉、内脏加工、制作乳酪和面包等。欧洲各地的修道院在此时发挥了极大的影响力，不仅栽种蔬菜，饲养家畜，还发展酿制葡萄酒和制作乳酪的技术。另外，古罗马人还发明制作了最早的奶酪蛋糕。

2. 中世纪西餐

中世纪西餐通常指约 476 年到 1453 年。395 年罗马帝国分裂为东、西罗马帝国，476 年西罗马帝国灭亡后，居住在北欧的日耳曼人各部落向南迁移，建立起一系列封建割据的国家，并与当地居民融合。日耳曼民族以肉食为主，其饮食习惯影响了西方各国，这时，整个欧洲进入了所谓的“黑暗中世纪”，在前后大约 1000 年的时间里，欧洲大部分地区的餐饮文明和其他文明一样发展的比较缓慢，社会上只有一些旅馆提供套餐服务。

1066 年，法国诺曼底公爵威廉以亲属关系要求继承英格兰王位，遭到拒绝后，发生了哈斯丁斯之战，以武力夺取了英王之位。由于他们的征服和占领，使当时说英语的人们在生活习惯、语言、烹调方法等方面都受到法国人长期的影响。如英语的小牛肉（veal）、牛肉（beef）和猪肉（pork）等词都是从法语（veau、boeuf、porc）演变过来的。查理六世雇用的有“法王的伟大厨师”之称的泰优凡，他曾用法文写了第一本烹饪书。书里记载了许多珍贵的食谱，菜色丰富且使用了各式香料，使英国人打破了传统、单一的烹调方法。1183 年，伦敦出现第一家小餐馆，出售以鱼类、牛肉、鹿肉、家禽为原料的西餐菜肴。

直到 15 世纪中叶欧洲文艺复兴时期，餐饮文化和其他文化一样，以意大利为中心发展起来，在当时贵族举办的宴会上不断出现各种名菜、甜点，意大利空心面就是此时被发明出来的。但餐具的使用普及相对较晚，6 世纪东罗马帝国发明了两齿的叉子，在厨房得以使用，但在餐桌上还没有得到普及。当时大多数人对于餐具的认识是“文明的出了格”，意大利的大主教认为“只有上帝创造的人类手指才配接触上帝的赐物”，人们一直认为用叉子取食不像男子汉。所以直到18世纪，餐叉、餐刀才得到普及，同时餐叉也由2齿变为4齿，餐刀也由尖头变为圆头。

1533年，意大利佛罗伦萨贵族梅德契家族的卡德丽娜公主嫁给法国的亨利二世，这是西餐历史的一大转折点。当时法国宫廷非常奢华，晚餐多达十几道菜，但是进食仍停留在用手抓的阶段，餐桌上的餐具还不完备，餐刀、餐叉、汤匙、餐巾等都没有出现。卡德丽娜公主从意大利带了许多随行人员，包括厨师、仆人、种菜工及饲养家畜的农人、设计炉灶的工匠等，她将经过文艺复兴时期洗礼的饮食文化带入法国。至此，法国宫廷开始使用刀叉，餐宴也不再只限于男性参与，餐桌上出现冰激凌等新菜点。法国艺术家达·芬奇的油画杰作《最后的晚餐》，如实地描绘了基督教欢度复活节的圣餐场面，在餐桌上摆有面包、仔牛肉、冷盘、葡萄酒等餐品餐刀以及玻璃杯等物品。这幅画已经大体勾画出现代西餐的雏形。后来，法国有位叫蒙得弗德的人，举行宴会时为了让客人预先知道全宴席的菜品，就让管家在宴会前用羊皮纸写好菜名，放置在每个座位前，成为菜单的雏形。自从1492年哥伦布发现美洲大陆以来，新大陆的香料、番茄、玉米等食物被带到西班牙，其中还包括从墨西哥带回的巧克力。当时的巧克力被当作饮料饮用，相当珍贵。1660年西班牙的玛莉亚德瑞莎公主嫁给法王路易十四，将固态的巧克力当作嫁妆带到巴黎，巧克力渐渐在法国流传开来。玛莉亚德瑞莎之子菲利五世，为了继承西班牙王室，在1759年从法国回到西班牙，又将法国宫廷菜带回了西班牙。

到了1638~1715年，由于讲究饮食而被人称为美食家的法国国王路易十四在宫廷中发起了烹饪大赛，优胜者发奖章及奖赏，从而推动了西方烹饪业的蓬勃发展，一时间佳肴美馔迭出。

3. 近代和现代西餐

从18世纪到19世纪，在近代自然科学和工业革命的影响下，西餐发展进入到一个崭新阶段。首先是先进的炊具、餐具问世，餐桌上开始普遍使用瓷器餐具，供餐形式为每人一份，餐桌礼仪逐渐定型，形成了高度的餐饮文明。1765年，勃朗格（Boulanger）虽然只是一个做汤的厨师，但在巴黎开设了第一家真正的餐馆，提供菜单和多种菜品供顾客选择，主推羊腿佐白酱汁。此后，社会上涌现出大量的饭店和餐厅。

现代餐饮业的真正起源应当从1793年的法国大革命算起。在此之前，那些最好的厨师只为法国贵族服务，随着革命的发展和君主专制统治的结束，原本在皇室内工作具有精湛手艺的厨师开始走入民间。19世纪末和20世纪初，法国菜在欧洲独占鳌头，其最大特点是对传统菜品的简化以及对厨房的重新组织。19

世纪中叶，影响法国菜深远的厨师有很多。如玛丽·安托尼·卡雷姆（Marie Antoine Carême，1784- 1833），他认为法国革命前的宴会菜肴奢豪且一次性全上完，既耗厨师、耗时间，又不便于品菜，因此建议实行上菜次序，以及烹制简单优雅的菜肴。同时他也有很高的拼摆装盘技艺，是现代婚礼蛋糕、糖塑、冰雕、奶油雕的始祖。他将西方烹调带入了更艺术化、精致化的境界。

其他一些影响深远的著作有《法国大饭店之老板》(Le Maitre D' hotel Francais)，完成于1822年，记录了个人创作的数百道菜谱。《巴黎皇室之糕饼师》(Le Patissier Royal Parisiam)，完成于1825年，是一本专门描述装饰艺术的书。《十九世纪法国菜的烹调艺术》（L' Art de Cuisine au XIX Siele)，完成于1833年，记载了卡雷姆独自创作的烹调技术，描述了欧洲五百年来的烹调演进史，分析了新式和旧式烹调的不同。

19世纪后期，法国的另一位有影响力的厨师奥古思特·埃斯科菲耶(Auguste Escoffier)，承袭了卡雷姆的影响，一方面，将菜肴表现方式加以精练(Refinement）及简化（Simplification)，简化华丽烹调、菜肴的分量及菜单项目，并推行上完一道菜后再上一道的服务方式。另一方面，埃斯科菲耶对厨房进行了重新设计和安排，建立了厨房人员编制及职务内容，以他简练的风格理念为出发点，发展形成了当今厨房中一条龙似的流水作业模式。

埃斯科菲耶先后出版了三本对法国菜具有影响深远的著作。《烹饪指南》(LE Guide Culinaire)，完成于1903年，内容有五千种古典食谱及装饰技巧，并教导厨师业基本规范，材料介绍、烹调方法等。《菜单》（Le Livre des menus)，完成于1912年，是一本论述如何设计规划餐食的书。《我的烹饪》（Ma Cuisine)，完成于1934年，是一本探讨中产阶级烹调技术的书。这些书都为法国菜成为现今西餐的主流奠定了坚实的基础。1900年法国知名轮胎制造商米其林出版的《米其林指南》，开创了一种美食的新概念。

1970年以来，以法国保罗博古斯与乔耶罗宾逊等为代表的多位厨师开始新饮食运动，他们舍弃传统注重酱汁风味，改为展现食物原味。自此厨师们不受传统束缚，将烹饪视为艺术，自由地创作与革新。从此，现代的西餐从回归传统与追求创新两方面入手，顺应时代的新兴美味逐渐成为主流。

自英国圈地运动开始，大批农民失去土地转而成为工人进入城市生活，但城市中的住房条件很差，燃料昂贵又缺水，烹饪条件简陋，且由于工作强度大，并没有时间进行烹饪。人们只能降低生活水平，需要并且喜爱那些节省时间和精力的食品，所以简约大众化的烹饪流派开始流行。尤其是食品工艺开始后，食品集现代科学和机器加工技术于一身，以标准化、规模化、工业化的手段，制作出简单、方便、快捷的食品，极大地满足了人们的需要，因而发展十分迅速。1920年，美国开始了汽车窗口饮食服务。20世纪50年代由于战后经济的迅速发展，生活方式改变，快餐业首先在美国发展起来。随着美国成为世界政治、经济等方面的超级大国，所有这些带有浓厚美国特色的烹饪成品和机器也在美国经济强大的实力支持下走入欧洲，并逐渐成为西方饮食烹饪的重要组成部分。

4. 21世纪西餐发展

21世纪西餐菜肴的创新和改革主要体现在科技对烹饪的改变。首先，新科技创造出更多现代化的烹调设备，如万能蒸烤箱、速冻机、去皮机、真空机、搅拌机等，保证了烹饪的简便、精确、有效，这也被称为21世纪最有发展潜力的厨房工业。其次，新技术开发出诸如速冻、罐装、干冻、真空包装、放射性处理等保鲜技术，再加上现代便捷的交通运输，不仅能够保证全年供应各季果蔬和全球美食，而且使得食品的准备加工过程大大提前或简化，相应的方便食品应运而生。

一些厨师把方便食品和现代化的厨具设备看作是一种威胁，他们害怕这些产品最终会威胁到他们的生存，因为所有的食品都可以预先准备好或由机器来处理，没有必要再用技术熟练的厨师或专业人员了。但事实并非如此，即使是方便食品也需要专门的技术和知识才能妥善处理。食品的质量在很大程度上仍然依赖于厨师的处理技巧。而新产品、新设备却可以把厨师从烦琐的基础劳动中解脱出来，使他们有更多的时间去做技巧性较强的工作。

另外，随着全球称为地球村，无国界饮食开始流行。所谓无国界饮食（Fusion Food）是指使用的食材、方法不局限于本国，各国间的饮食交流不断，烹饪原料、烹饪方法、菜品装饰等相互融合互相利用。例如美国加州菜，利用中、西方原料材料结合的方式，以中西合并的烹调方法，创造了独特的风格，被视为无国界饮食的典型。

21世纪，微生物学和营养学的发展对餐饮业产生了巨大的影响。人们对饮食的要求越来越高，不仅要满足吃饱，更要求健康、平衡的饮食，因此厨师在选择食材和烹调方法时更讲究。例如，将西餐中的黄油以橄榄油取代，食物烹调减少油炸等。

四、西餐在中国

西方饮食传入我国的时间可追溯到2000年前丝绸之路时期。17世纪中叶，更多的传教士和外交官在传播西方文化的同时也将西餐技艺留在了中国。西餐真正传入中国应该是1840年鸦片战争后，西方人大量进入中国，同时也带来了西方厨师，西餐厅也开始雇用中国厨师，使西餐技术逐渐被中国厨师掌握。光绪年间，在外国人较多的上海、北京、广州、天津等地出现了一批番菜馆，即西餐厅。

据清末史料记载：太平馆西餐厅创办于1885年（清光绪十一年），创办人徐老高曾在广州沙面外国洋行当厨师，善烹西菜，后在广州太平沙开办西餐厅，因地命名“太平馆”，成为广州最早的西餐厅。上海最早的西餐厅是福州路的“一家春”，北京最早的西餐厅是“醉琼林”。1900年，两个法国人在北京创办了北京饭店。后又有西班牙人创办三星饭店，德国人创办宝昌饭店，希腊人创办正昌饭店。起士林是天津最早的一家西餐厅，于1901年在天津法租界创建。据说当年创办起士林的阿尔伯特·起士林曾是德国皇帝威廉二世的御用厨师，1896年李鸿章访问德国时，阿尔伯特·起士林还亲手为他做过西餐。

20世纪20年代初是西餐在中国传播和发展最快的时期。上海的礼查饭店（现浦江饭店）、汇中饭店（现和平饭店南楼）、大华饭店等相继开业。此外，广州的哥伦布餐厅、天津的维克多利、哈尔滨的马迭尔都是当时出现的西餐厅。1949年以后，在中国开办的西餐厅以俄式为主，如莫斯科餐厅、友谊宾馆、北京饭店的西餐厅。20世纪80年代后，随着中国对外开放政策的实施，中国的经济和旅游业快速发展崛起，北京、上海、广州等地相继兴起了一批设备齐全的现代化饭店，如凯宾斯基、希尔顿、喜来登、假日饭店。这些饭店都聘请了西方厨师，带来了现代的西餐技术，从而适应了西方各国人来华投资、旅游的需求。

现在西餐和西方饮食文化已渐渐被中国人所熟悉，国内西餐市场上也是法式、意式、俄式、美式、西班牙式、德式等百花齐放，越来越多的人能够接受西餐的口味、菜式和礼仪。此外，外国快餐、酒店等饮食连锁机构，在国内也有广阔的市场空间。

第二节　西餐的主要菜式

西方饮食系统以法国菜为主干，以苏俄菜和意大利菜为两翼，还包括英国菜、德国菜、瑞士菜、希腊菜、西班牙菜、波兰菜、芬兰菜等。

一、法国饮食文化

法国菜顾名思义源自法国，经历了几个世纪的社会和政治风云变化，形成了悠久的饮食历史和饮食文化，被列为“西餐之首”的法餐也是西餐中极富魅力的菜肴代表。法国有着得天独厚的物产资源，三面环海的海洋性气候使法国的农牧业都很发达，粮食和肉类除自给外也部分出口。同时，法国的香槟酒、葡萄酒、白兰地酒及奶酪也都著称于世。

1. 法国饮食历史

法国是476年西罗马帝国灭亡后，在其废墟上逐渐建立起来的国家，古罗马时期奠定了法国菜的基础。16世纪欧洲文艺复兴时期意大利盛行的一些名菜、少司的制作方法传到了法国，到法王路易十四时期法国菜发展到一个高峰。路易十四酷爱美食，经常在凡尔赛宫内举行盛大宴会，并为他的300名厨师举办烹饪大赛，优胜者由皇后授予绶带，此奖项即是流传至今的蓝带奖。路易十四规定男主人和女主人相对而坐，这种形式一直影响至今。此后的路易十五、路易十六也都崇尚美食。这种环境的影响下，厨师成了一个新兴职业，名厨辈出，烹饪著作繁多，也奠定了法国菜在西餐中的重要地位。

17世纪，法国厨师逐渐形成少用调料的烹调风格，对香草料和奶油的使用更加灵活多变，这标志着现代烹饪的诞生。奶酪和葡萄酒成为烹饪的主要原料，并通过法律对它们的原产地实施监控（AOC）。20世纪，Georges Auguste Escoffier把法国菜作为现代“高级烹饪”介绍给世人，同时让人们认识了很多法国地区特色菜。米其林一书的推出更加深了人们对法国中产阶级以及乡村饮食的认识。另外，加斯科烹饪（Gascon cuisine）对法国西南部的烹饪传播和发展产生了巨大的影响，很多地方特色菜经改良后风靡全国。20世纪60年代，法餐迎来了创新的时代，来自葡萄牙的移民带来的葡式风味更是对这股革新潮流贡献不少。他们带来了很多新的菜式和烹饪技巧，使这个时期被称为“新烹饪”。2010年11月，法国菜被联合国教科文组织评为世界“非物质文化遗产”。

2. 法国菜的特点

法国菜不仅口感细腻、美味可口，而且菜肴种类繁多、烹调方法独到、餐具摆设讲究。新鲜的季节性材料，配上厨师个人的独特调理，无论在视觉上、嗅觉上、味觉上、触感上都和谐统一。法国人对于食物绝不只是停留在填饱肚子的阶段，而是当作一种享受，因此享用一顿正餐花上四五个小时是常事。

法国菜的主料烹调往往较为清淡，保留原有的风味，在配料特别是酱汁的制作上较费功夫，一般由专门的厨师制作，讲究菜肴和少司的搭配。一般而言，牛肉菜肴的少司要用牛肉汤制作，鱼类菜肴的少司用鱼汤制作。由于西餐原料的刀工处理偏大，所以大多数的原料都是大块或条形，制作时不容易入味，所以要靠少司来弥补味道。

法国人喜欢品尝略带生口的菜肴，因而十分注重原料的质地和鲜度，多选鲜活。烹制的牛排一般只要求三四成熟，烤牛肉、烤羊腿只需五六成熟，而牡蛎则大都配柠檬汁生吃。法国菜的原料无论是普通原料，如牛肉、羊肉、家禽、海鲜、蔬菜，还是特别名贵稀有的原料，如蜗牛、黑菌、鹅肝及鱼子酱等，都可以通过精致烹调制作出味腴汁浓、色香味皆佳的菜肴。使用的材料无论是高汤、酒、鲜奶油、黄油或各式香料、水果等，都运用得非常灵活。同时讲究营养的合理组成和色彩的巧妙搭配，菜肴装盘时，呈现出各种使人赏心悦目的图案，促进食欲。

法国菜的制作擅长以酒作调料，做不同的菜用不同的酒，如红葡萄酒、白葡萄酒、雪利酒、香槟、白兰地、朗姆酒、利口酒等。同时，葡萄酒、啤酒或苹果汁也是法国菜单中不可缺少的，菜肴和酒的搭配同样非常讲究。酒的搭配规则是饭前饮用较淡的开胃酒；沙拉、汤及海鲜搭配白葡萄酒或玫瑰酒；食用肉类时饮用红酒；而饭后则饮用少许白兰地或甜酒类。如果在就餐时同时需饮用白葡萄酒和红葡萄酒，可以让服务员为你提供一杯冰柠檬水，交替饮用红白葡萄酒前先饮用柠檬水帮助彻底清除上一道菜在口中留下的余味以便品尝下一道菜。

经典的法国菜有鹅肝酱、牡蛎杯、焗蜗牛、马令古鸡、麦西尼鸡、洋葱汤、沙朗牛排、马赛鱼羹、红酒牛排、海鲜沙拉、孟林哥鸡、酒焖仔鸡等。

二、意大利饮食文化

意大利地处南欧的亚平宁半岛上，优越的地理条件使意大利的农业和食品工业都很发达，其中，面条、奶酪、萨拉米著称于世。意大利继承了古罗马文明，餐饮文化在世界上享有很高声誉，可以称得上是欧洲大陆的鼻祖，其古典的宫廷菜式曾对法国烹饪产生巨大影响。

1. 意大利饮食历史

意大利菜源起于罗马帝国的强盛时期，当时依赖于盐田买卖制度，意大利对外拓展了良好经贸关系，并在经贸往来之际吸收了许多国家的饮食文化。相传意大利人的制面技术来自于东方，利用杜兰小麦面粉制作出的面条口味独特，更有咬劲，配以当地盛产的番茄制作的番茄沙司，成为意大利面的雏形。意大利人经过改良将烤炉改制成较大型，以长柄将比萨放入其中进行烘烤。总之，创新研发技术也塑造了意大利人在面食烹调中的重要地位。

东罗马帝国于476年被消灭后，西洋饮食文化在此四五百年间并无太多改变或进步。直到9世纪，意大利美第奇家族逐渐掌握了庞大的权势及家财，慢慢开始推行古典艺术文化和优雅的用餐礼仪。文艺复兴时期，美第奇家族的凯瑟琳嫁给法国皇帝亨利二世，将当时的意大利菜肴及文化带入法国，开始改造法国菜并推行意大利餐桌礼节。

2. 意大利三餐习惯

意大利人的早餐非常简单，大多以咖啡解决，所以午餐和早餐之间往往会有上午茶时间。午餐大多从 1 点半或 2 点开始，此时家里的母亲早已准备好意大利面、肉、鱼、青菜、酒、水果、咖啡等，不能回家的人也可在附近的酒吧、速食店选择简式午餐食用。下午 5 点左右是下午茶时间，此时比萨店前挤满年轻人，家里也会准备好蛋糕、红茶、咖啡。晚上 8 点开始是晚餐时间，通常较为简便，以汤类、火腿、乳酪、意大利面和酒为主。

3. 意大利菜的特点

一般而言，北意大利菜与法国菜相近，多用鱼、土豆、米、玉米、香肠、猪肉和不同种类的乳酪、鲜奶。其中，意大利面、烩饭、玉米粥很受欢迎；中部意大利多用番茄、各种肉类和鱼、羊奶酪入菜；南意大利则大多用新鲜番茄、大蒜、胡椒、橄榄和橄榄油、洋蓟、橘子、茄子、西葫芦和凤尾鱼、沙丁鱼、金枪鱼入菜。又因邻近法国、瑞士、奥地利、南斯拉夫等国，意大利菜多少受这些国家的影响。如意大利的煮牛肉（Culash）深受南斯拉夫影响，苹果派（Strudel）则有德国、奥地利的风味，南西西里岛的库斯库斯（Cuscusu）则属阿拉伯风味。

意大利菜注重传统，因而以红烩、红焖的菜肴最为多见。注重突出食物的本味，意式菜讲究直接利用原料自身的鲜美味道，调味直接、简单，常用西红柿、番茄酱、橄榄油、罗勒、番红花调味。谷物品种丰富，以面食作菜，如各种意大利面条、炒饭、馄饨、饺子、面疙瘩、比萨。现在意大利年产面条 200 万吨，其中 90%内销，全国每人每年消费面条 30 千克。此外，意大利的米饭品种也很丰富，口感硬，别有风味。

典型的意式菜肴有米兰式猪排、意大利菜汤、肉末通心粉、比萨饼、意式馄饨、红花米饭等。

三、俄罗斯饮食文化

1. 俄罗斯饮食历史

俄罗斯横跨欧亚大陆，地域广阔，大部分人口居住在欧洲。公元 9 世纪左右出现基辅、车尔尼雪哥夫等早期国家，当时的烹调还比较简单。公元 964 年，基辅国大公斯维亚托斯拉夫出征时，进食方式是将马肉、牛肉或兽肉切成薄片，在炭火上烧烤。到了 15 世纪莫斯科成为首都后，饮食文化得到了发展，沙皇和亲王们常在家里举行盛大筵席。现在，在莫斯科克里姆林宫有一幅表现 16~17 世纪俄罗斯饮食状况的《沙皇大公筵席壁画》，描绘和记述的虽是 17 世纪初莫斯科公国的宫廷菜，但由于莫斯科克里姆林宫严格遵守俄国古老的习俗，因此可以设想，这个文献中涉及的有关菜肴也反映了俄国十五六世纪，甚至更早时期俄式菜肴的特点。

彼得大帝时代俄罗斯文化受到西欧文化的强烈影响，在饮食文化方面俄罗斯贵族比较崇尚法国，所以俄式菜受法式菜影响较大，同时也吸收了意大利、奥地利、匈牙利等国菜式的特点，结合本国的饮食习惯，逐渐形成颇具特色的俄式菜。18 世纪末，第一部独创的专业烹饪书籍《烹饪札记》（谢尔盖·特鲁柯甫夫编著，莫斯科 1779 年出版）问世。此后，大量有关烹饪的书籍相继问世，烹饪文化在俄罗斯开始走向大众化，俄罗斯民族的菜肴进入了新阶段。

2. 俄国菜的特点

俄罗斯地处高纬度的亚欧大陆，气候寒冷，食物原料有丰富的鱼、家禽、野味、蘑菇、浆果和蜂蜜，粮食作物有黑麦、小麦、大麦、小米，饮品有克瓦斯、啤酒和伏特加。

因人们生活需要较多热量，所以传统菜油脂较大，口味重，酸、甜、咸、辣各味俱全，喜欢用酸奶油调味，喜欢生吃大蒜、葱头。随着社会的进步，人们的生活方式也在发生改变，20 世纪六七十年代后，俄式菜也逐渐趋于清淡。俄式点心用油炸的品种较多，烩水果也作为点心食用。各种各样的荤素包子也是俄罗斯人喜爱的食品。因气候原因，俄罗斯饮食中肉类占有较大比例，因此其烹调方法以烤、焖、煎、炸、熏见长。

俄式菜讲究小吃，擅做菜汤。俄式小吃主要是指各种冷菜，其特点是生鲜、味酸咸。如鱼子酱（红鱼子、黑鱼子）、酸黄瓜、冷酸鱼、腊肠、熏鱼等。俄罗斯人还喜欢做菜汤，他们每日膳食中必有用肉、鲜白菜、酸白菜及其他多种蔬菜和调料制成的菜汤。常见的菜汤有 60 多种，鱼汤的款式也不少，其中以莫斯科的红菜汤最具盛名。

典型的俄罗斯菜有鱼子酱、莫斯科红菜汤、莫斯科式烤鱼、黄油鸡卷、罐焖牛肉等。伏特加酒也是世界知名的烈酒之一。

四、英国饮食文化

英国是在西罗马帝国灭亡后，由日耳曼民族逐渐建立起来的国家。罗马帝国的占领影响了英国的早期文化，但当时的大多数烹饪知识都已失传。1066 年法国的诺曼底公爵继承了英国王位，带来了法国和意大利的饮食文化，为英式菜的发展打下了基础。

英国的农业不发达，粮食每年都要进口，也不像法国人那样崇尚美食，因此英国菜相对来说比较简单，英国人也常自嘲不擅烹调。但英国人对圣诞餐非常重视，常常要延续 8~9 个小时，每上一道菜都要吹号。最早时候，英国人讲究吃烤孔雀，后来改吃烤鹅，直到 16 世纪后开始吃烤火鸡，一直延续至今。

英国菜肴在烹调上用油较少，味清淡，调料很少用酒。调味品如盐、醋、胡椒粉、色拉油、各种酸果等，都是放在餐桌上由客人自己选用。烹调方式以清煮为主，蒸、炸、烩为辅。下午茶和威士忌非常有名。

英式菜选料的局限性比较大，英国虽是岛国，但渔场不太好，海产品不多，所以英国人不讲究吃海鲜，反倒比较偏爱牛肉、羊肉、禽类、蔬菜等。英式菜的制作大都比较简单，肉类、禽类、野味等大都整只或大块烹制。另外，调味也比较简单，口味清淡，油少不腻，但餐桌上的调味品种类却很多，由客人根据自己的爱好调味。英式早餐非常丰盛，一般有各种蛋品、麦片粥、咸肉、火腿、香肠、黄油、果酱、面包、牛奶、果汁、咖啡等，受到西方各国的普遍欢迎。

近年来，保守的英国菜肴发生了不少变化，逐渐吸收了法国菜、意大利菜等的优点，在烹饪中增加各种香辛料，菜肴的原料、品种增多，款式和造型也变得新颖。例如，很多菜带有夹馅，装盘立体化，用少司在盘中打底以突出主料，而不像以前把少司浇在主料上。

英式菜的代表菜肴有烤牛肉、土豆烩羊肉、烤鹅填栗子馅、牛尾浓汤、炸鱼薯条等。

五、德国饮食文化

德国也是在西罗马帝国灭亡后由日耳曼诸部落逐渐建立起来的国家，直至1870年才真正统一。在生活上德国人一直保留着喜爱运动、食量较大且以肉食为主的日耳曼遗风，德式菜肴以丰盛实惠、朴实无华著称。

德国菜以酸、咸口味为主，调味较为浓重。烹饪方法以烤、焖、串烧、烩为主。但一些德国人有吃生牛肉的习惯，如著名的鞑靼牛扒。像大多数西方国家一样，德国人爱食土豆，土豆是主食和维生素C的主要来源。大多数蔬菜则洗净后直接切片或切丝，再配以不同口味的色拉酱食用。德国的奶类生产业发达，质量与数量均在国际乳品行业中名列前茅，含脂量不同的各种鲜牛奶、冰激凌、酸奶、奶酪等琳琅满目。

德国香肠有1500多种，其中仅水煮小香肠就有780多种，最受欢迎的是润口的肉肠，原肠类包括耐储腊肠和调味浓厚的瘦肉香肠。此外，水煮肠中还包括60种不同的肝和风味特色肠，如著名的普法尔茨灌肠。吃香肠必与面包相配，德国在面包的生产方面也可称得上是质量和数量的世界冠军，品种有精白粉、黑麦粉、燕麦粉、混合粉面包等。德国盛产啤酒，啤酒的消费量也居世界之首，一些菜肴也常用啤酒调味。

德国菜的代表菜肴有德式清豆汤、德式生鱼片、德式烤杂肉、德式肉肠、柏林酸菜煮猪肉、汉堡肉扒、鞑靼牛扒、德式苹果酥、煎甜饼等。

六、美国饮食文化

美国是典型的移民国家，自1492年哥伦布发现美洲大陆后，欧洲人就不断移民至此，直至1776年7月4日正式独立。由于英国移民较多，美国菜基本是在英国菜的基础上发展起来的。另外，由于美国的历史短，美国人传统、保守思想较少，在生活习惯上不墨守成规，善于利用当地丰富的农牧产品，并结合欧洲其他移民和当地印第安人的生活习惯，形成了独特的美国餐饮文化。

目前美国菜大致分为三个派系：以加利福尼亚州为主带有都市风格的派系，比较时尚；以英格兰移民为主的派系，既保留有传统菜点，又增加了一些富有当地原料的新式菜点；以得克萨斯州为主的墨西哥派系，受南美菜肴影响而带有辣味和浓烈的香料。

总体而言，美国菜喜欢用水果做菜，把水果和蔬菜（芹菜、生菜、土豆）等混合在一起做沙拉，口味上有咸里带甜的特点。如菠萝焗火腿、苹果烤鸭、炸苹果、苹果派等。结合美洲当地风土，开创了火鸡菜肴，并逐渐将其作为感恩节、圣诞节等重大节日的必备美食。快餐食品源于美国，并迅速影响到世界各地的餐饮业。同时，美国农业部还是健康饮食、营养配餐的倡导者，美国有很大一部分素食主义者，低脂肪、低胆固醇的菜肴流行其间。

典型的美国菜有华道夫沙拉、烤火鸡配苹果、菠萝火腿扒、苹果排等。

第三节　西餐进餐礼仪

西方人很重视礼仪，餐桌的礼仪更加复杂，从入座、拿取餐巾、取用餐具、进餐、离席，皆有一套规矩，用餐者应熟悉餐具的使用顺序、位置和功能，以及优雅得体的表现。

一、餐具

1. 餐具的摆放

西餐餐具的摆放十分讲究，每人面前的中央为摆饰盘，餐巾一般置于装饰盘的上面或左侧。装饰盘会自始至终都摆放在餐桌上，而后续每道菜都会被摆放在装饰盘上，随着进餐完毕，撤走，再换上新的菜肴。

西餐常用餐具为刀、叉、汤匙，其各自又可再细分，刀、叉可分为肉类用、鱼类用、前菜用、甜点用；而汤匙除了前菜用、汤用、咖啡用、茶用之外，还有调味料用汤匙。刀、叉、汤匙通常会提前摆放好，非甜点类所需用具摆在装饰盘两侧，遵循左叉右刀右汤匙的原则，汤匙的位置通常在所有刀子的右方；甜点类所需小汤匙和小餐叉最后才会被用到，常摆放在装饰盘前方，靠近餐桌中心一侧。

装饰盘左前方是面包盘和黄油刀。装饰盘右前方是酒水杯，从外形上看，最大的玻璃杯通常是装水用的高脚杯，次大的是红葡萄酒杯，略瘦长的是白葡萄酒杯，视情况也会摆上香槟或雪莉酒所用的玻璃杯。

2. 餐具和筵席的关系

西餐餐具的摆放与进餐安排有着极其紧密的联系。西餐餐具和菜肴间保持着严格的匹配制度，有几道菜就应有几套刀叉匹配。所以就餐者往往可以通过摆放好的餐具，直接了解到接下来的上菜信息，如有几道菜肴，是什么菜肴等。因此，一旦确定餐单，侍者应在上菜前将所需餐具全部摆放得宜。

西餐就餐时最常见的就是装饰盘旁同时摆放多副刀叉，此时应该使用餐顺序遵循餐具由外向内取用的原则。如前菜、汤、鱼类、肉类、甜点，则装饰盘旁最外侧摆放的应为前菜刀叉，前菜食毕，前菜刀叉随前菜一同撤下。此时装饰盘旁最外侧摆放的应是喝汤用的汤匙，汤毕，汤匙随汤一同撤下。此时装饰盘旁最外侧摆放的应是肉类用刀叉，以此类推。有时也会有例外，一种特例沙拉所需刀叉会随沙拉一同送上，并不摆放在装饰盘两侧。另一种特例是吃蚝所需的叉子，在装饰盘右方餐具的最外侧。

正规西餐讲究餐酒搭配，尤其是鱼类和肉类等主菜。按照菜肴口味由淡转浓，鱼类菜肴，搭配白葡萄酒，肉类菜肴，搭配红葡萄酒的原则搭配，此时酒杯的摆放同餐叉摆放的规律一致，由外向内依次为白葡萄酒杯、红葡萄酒杯、水杯。

二、进餐礼仪

待宾客坐定后，整个筵席的开始、进行和完毕都将由女主人主持和控制。当女主人打开餐巾放在膝上，则表示筵席开始；当女主人将餐巾取下，放在桌上，则表示筵席完毕。席间客人即使已吃饱，也应继续保持进餐和交流状态，直到餐会结束。此外，还需注意以下进餐礼仪，以保证宾客尽欢。

1. 餐巾的使用

餐巾的正确位置应对折放在膝上，而非夹在衣领或衣带间。餐巾的用途仅限于擦嘴，尤其是喝饮料前，以免杯口尽是油渍。餐巾不可用来当桌布，擦去桌上的污渍，如不小心弄脏了桌布，应向主人道歉。更不可用餐巾擦鼻涕。用餐时打嗝是最大的禁忌，万一发生此种情况，应立即向周围的人道歉。

用餐完毕，应将餐巾放在餐盘左侧，如餐盘已移走，则放在正中即可。如就餐中途暂时离席，则应将餐巾留在座椅上，表示未走远，很快回来。

2. 餐刀、餐叉的使用

餐刀、餐叉的使用方法是左手拿叉，右手拿刀，并以食指压着刀叉的背柄使用，便于使力。法式为边切边食用，英美式则为切好后改以右手拿叉叉食。叉子不只用来压食物和叉东西，也可以用来舀豆子和米饭。

席间，如果是谈话，可以拿着刀叉，无须放下。不用刀时，也可以只用右手持叉。但如需有肢体表情或传菜时，应将刀叉放下，不可持刀叉于空中挥动。也不要一手拿刀或叉，而另一只手拿餐巾擦嘴。不可一手拿酒杯，另一只手拿叉取菜。

刀叉用完后应平行横放在餐盘中央或斜放在餐盘五点钟位置，而非盘边或餐桌上，放置时刀口朝己，叉口朝左，以便侍者取走时的安全。餐盘用完后，不应往外推，留在原处即可。用餐中，有事离席时，须把刀叉摆成八字形放在餐盘上，刀口向里侧，表示进餐未毕。

3. 喝汤的礼仪

用餐时，不能发出声音。食用装在有双耳的汤杯中的汤时，为了测试汤的冷热程度，可以使用附带的小汤匙先试一口。使用后的小汤匙可以放在靠近身体这一边的底盘上，不可置于汤杯中。试过汤的温度后，可以用双手拿着汤杯耳，把汤杯端到口边直接饮用。汤中的食物则可以用汤匙来舀食。

没有汤耳的汤盘，要用大汤匙来舀食。拿汤匙的姿势像握铅笔一样，一般英国式采用由内经外侧舀食，反之则是法国式。把汤倒入口中时，不可发出声音，然后再用没有残留汤的汤匙继续舀汤进食。席间不可噘起嘴来用力把汤吹凉，如温度过热，可以少量缓慢多次食用。

使用完毕后应把汤匙放在靠自己身前的底盘上，或是放在盘中，并遵循汤匙的柄放在右边，汤匙凹陷的部分向上的原则。

4. 其他用餐礼仪

若进餐时没有服务生，菜肴则以传取方式进行，传取顺序由女主客优先。依西方礼仪，传菜时男士不可帮女士拿菜，只能从旁代为帮忙拿住菜盘，而由女士取其所需。取菜时，应直接拿取最靠近自己的，不要在盘中翻搅。当某道菜或调味品无法取到时，可要求最靠近该道菜的男宾客传给你，而不要自己站立起来取食。当盐、胡椒等调味品在餐桌上看不到时，可以请女主人递取一些给你。

就座时，身体要端正，手肘不要放在桌面上，不可跷足，与餐桌的距离以便于使用餐具为佳。餐台上已摆好的餐具不要随意摆弄。就餐时每次送入口中的食物不宜过多，在咀嚼时不能说话，更不能主动与人谈话。面包一般掰成小块后送入口中，不可整块面包直接咬食。抹黄油和果酱时也应先将面包掰成小块再抹。

就餐时不可狼吞虎咽，对自己不愿吃的食物也要一点放在盘中，以示礼貌。进餐时应注意与左右客人交谈，但应避免高声谈笑。

学习重点

西方饮食历史发展呈现板块移动式、不平衡的发展格局。西餐是泛指西方各国的菜肴，其中以法国菜为主干，以俄罗斯菜和意大利菜为两翼，还包括英国菜、德国菜、瑞士菜、希腊菜、西班牙菜、波兰菜、芬兰菜等。各国虽有各自不同的特点，但也有许多相同之处，如叉食、分餐制、酒水与菜点配套规范、注重餐饮格调和社交礼仪。

总体而言，西方饮食文化是基于牧、渔业经济，以肉、奶、禽、蛋等动物性食料为基础，膳食结构主、副食界限不分明。西餐选料严格、讲究新鲜、奶制品多；烹饪加工以便于烹制、利于造型、易于食用为准；熟制工具多样，设备现代化，擅长以空气传热的烹饪方法（烤、焗）；调味技艺中重视少司制作，讲究加热后调味，广泛使用酒与香料。

学习难点

西餐刀叉等餐具的摆放和使用十分讲究，通过学习应掌握西餐进餐礼仪。

课后练习

1. 西方饮食烹饪文化呈现________________移动和不平衡的发展格局。

2. 西餐制作中，通常是主料、配料、________________分别烹制，再装盘。

3. 西方饮食发展历史中，古代西餐的代表是________________。

4. 西方宴会的基本格局是开胃菜、汤、主菜、________________、咖啡。

5. 在现代西餐中，虽然意大利菜、法国菜仍然兴盛，但________________和英国菜的影响也甚为突出。

6. 法国菜的特点不包括________________。

A. 选料广泛、讲究　　　　B. 谷物品种丰富

C. 最求菜肴鲜嫩　　　　D. 喜欢用酒烹调

7. 以下关于用餐和赴宴礼仪描述错误的是________________。

A. 进食西餐中途想要休息，可将刀叉呈八字形码放，刀刃朝向自己

B. 使用西餐餐巾应内折三分之一，让三分之二平铺在腿上

C. 中餐用餐中不可先于主桌起立或串桌祝酒

D. 出席宴会切忌迟到，以提前 10 分钟到场为宜

8. 对应图中的编号，请写出餐具名称。试分析此次宴请的菜肴和上菜顺序。

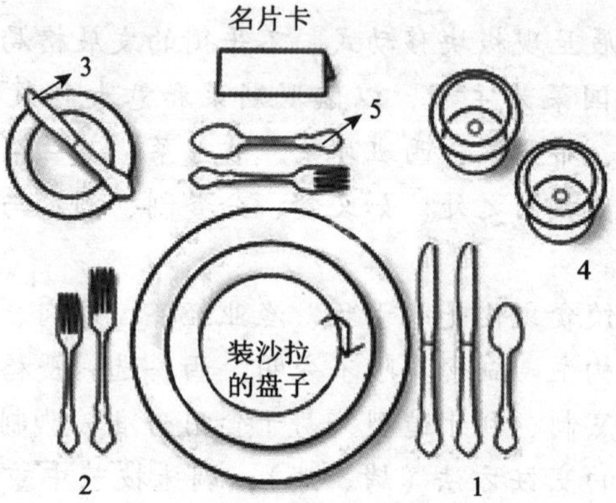

编号	餐具名称
1	
2	
3	
4	
5	

课外阅读与思考

奶酪（cheese），又名干酪、乳酪，音译称芝士、起司、起士，是多种乳制奶酪的通称。奶酪在西方人餐桌上占有重要一席，较传统的食用方法一种是奶酪+面包/水果+葡萄酒，另一种方法是热食，比如烤奶酪、制作比萨、添加到烘烤的蔬菜或面包表面，甚至是制作成奶酪火锅，现在更常见的食用方法还有奶酪三明治、拌沙拉等。

1. 产量

奶酪是全世界的主要农产品，依照联合国粮食及农业组织的资料，2011 年全世界生产的奶酪超过 2000 万吨，相当于世界上每个人约 3 公斤。其中，最大的生产国是美国，约占全世界产量的 26%，其次是德国及法国（表 1）。但是，

只有爱尔兰、新西兰、荷兰及澳洲的奶酪制品是出口导向的，出口比例依次约为95%、90%、72%及65%。法国生产的奶酪只有35%会贩售到国外。美国虽是世界最大的奶酪生产国，但大部分是供国内使用。

表1 2011年全球十大奶酪生产国或地区

国家/地区	产量/吨
欧盟	8858482
美国	5162730
德国	2046250
法国	1941750
意大利	113210
荷兰	745984
波兰	650055
埃及	644500
俄罗斯	604000
阿根廷	580300
加拿大	408520

2. 种类

奶酪的种类非常多样，乳源、发酵所用细菌和霉，处理方法和时间都可决定它们的形状、质地、口感和味道。制作奶酪的奶源有家牛、水牛、山羊或绵羊奶之分，是否经巴斯德消毒处理、乳脂的含量等也将会影响奶酪的品质。奶酪可以用香草、香料或者烟熏来调味。当然，不同细菌或霉菌参与发酵制得的奶酪，也会有特别的风味。

奶酪按照含水量可分为软、中软、中硬或硬，按照做法和外形则可分为以下几种。

鲜奶酪。只是奶加热或加酶结块之后，包纱布挤干水分。要现买现吃，可以在冰箱短期保鲜，但不宜超过一周左右。这类奶酪包括 cottage cheese，奶油奶酪（cream cheese），希腊的菲达奶酪（feta，山羊奶酪），法国的 fromage frais，petite suisse，Sainte-Marie，意大利的做比萨的莫萨里拉奶酪（Mozzarella），做提拉米苏的马斯卡彭（Mascarpone）、ricotta 和印度的 paneer。上述奶酪，除奶油奶酪含脂率在30%左右外，其他普遍含脂率在0.1%~13%。

花皮软奶酪（又称白纹奶酪）。这种奶酪表面常覆盖有白色真菌或霉的绒毛，里心稀软，常为小圆饼形状，撒上青霉菌后发酵一到两个月，制备时不经压榨和煮熟。通常含水量在50%~60%，脂肪含量在20%~26%。食用时，可切开之后直接将软心涂在面包上。这类奶酪包括苏格兰的邦切斯特奶酪（Bonchester），法国的布利奶酪（Brie），金银毕（Camembert，又译成卡门贝尔），Carre de L' est，chaource，coulommier，feuille de dreux，fougeru，neufchatel。

富强奶酪。这种奶酪和花皮软奶酪做法相似，但所用奶源是添加奶油后的牛奶，脂肪含量由40%~50%升到75%。这类奶酪包括法国的波尔斯因奶酪（Boursin），Boursault，Excelsior，Lucullus，Pierre Robert。

洗皮奶酪。这种奶酪也和花皮软奶酪做法相似，但在整个成熟期需要频繁淡盐水水洗，泡好的皮比较亮，呈杏色或红色。这类奶酪包括丹麦的艾斯诺姆奶酪（Esrom），荷兰的古乌达奶酪（Gouda，又译成高达奶酪），德国和比利时的林堡奶酪（Limburger），爱尔兰的Milleens，德国的芒斯特奶酪（Munster），比利时的Renmoudou（Piquant），希腊的法达奶酪，意大利的Taleggio，英格兰的Caerphilly，瑞士和法国的Vacherin，法国的Bergoues，Chaumont，Coeur d' Arras，Dauphin，Epoisses，Langres，Livarot，Maroilles，Murol，Nantais，Pont l' Eveque，Reblochon，Saint-Florentine，Saint-Nectaire，Saint-Paulin，Saint-Remy，Sorbais，Trappiste de Belval。

青（蓝）纹奶酪。这种奶酪无须挤压，也无须煮熟，凝乳先是变成小块状，装入模具沥干后加盐，再在奶酪团上用针戳空引入娄地干酪青霉素或戈尔贡左拉青霉素，令其自内向外发酵，菌体生长后在奶酪内部形成蓝绿色纹理。青纹奶酪的味道通常很重。最有名的是意大利的古冈左拉奶酪（Gorgonzola），法国的罗克福奶酪（le Roquefort）和英国的斯蒂尔顿奶酪（Blue Stilton）等。

此外常见还有硬质未熟奶酪，如谢达尔奶酪（Le Cheddar），圣·耐克泰尔奶酪（Saint-Nectaire），莫尔碧叶奶酪（Morbier），托姆奶酪（Tommes），亚当奶酪（Édam），古达奶酪（Gouda），冈塔尔奶酪（Cantal）和勒布罗匈奶酪（Reblochon）；硬质成熟奶酪，如孔泰奶酪（le Comté），埃曼塔奶酪（l' Emmenthal），格鲁叶尔奶酪（le Gruyère），博福尔奶酪（Beaufort）；山羊奶酪，如圣·摩尔·杜热内奶酪（Sainte-Maure-de Touraine），瓦郎塞（Valençay）奶酪等。

3. 营养

奶酪能很好地保留奶源中的蛋白质，同时为机体提供丰富的脂肪、钙、磷、维生素A和维生素B_{12}。表2中列出了常见乳制品：牛奶、奶酪、酸奶中的营养组成和含量。

表 2　每百克乳制品的营养成分比较

成分	牛奶	奶酪	酸奶
热量（kcal）	54	328	72
蛋白质（g）	3	27.5	2.5
脂肪（g）	3.2	23.5	2.7
碳水化合物（g）	3.4	3.5	9.3
维生素 A（ug）	24	152	26
硫胺素（mg）	0.03	0.06	0.03
核黄素（mg）	0.14	0.9	0.15
烟酸（mg）	0.1	0.62	0.2
维生素 E（mg）	0.21	0.6	0.12
胆固醇（mg）	15	11	15
钙（mg）	104	799	118
镁（mg）	11	57	12
铁（mg）	0.3	2.4	0.4
锌（mg）	0.42	6.97	0.53
磷（mg）	73	326	85

第五章

中外饮品文化

【本章目标】

学过本章之后，你应该能够

- 了解中国茶文化、酒文化的产生和发展。
- 熟悉中西方的饮茶习俗。
- 熟悉中西方的酒和酒文化。
- 理解饮食旅游的概念。

第一节　中国茶文化

茶叶和咖啡、可可并称世界三大饮料，其中咖啡源自非洲，可可源自美洲，而茶叶源自古老的中国。中国的种茶、制茶、饮茶历史已有千年，不仅开发出众多名品，且在泡茶、饮茶的技艺上也是独树一帜。唐代陆羽著有《茶经》一书，记载了关于我国茶叶生产的历史、源流、现状、生产技术以及饮茶技艺、茶道原理等，是中国乃至世界现存最早、最完整、最全面的茶的专著，被誉为茶叶百科全书。

一、中国茶文化的发展

茶文化是以茶为载体的一种茶俗文化现象，从属于饮食文化的范畴。茶文化的起源与茶的起源有着时间和性质的区别。茶叶作为植物的一种，本身是不具备文化发展这一特征的，但作为一种文化现象的载体，它又具备了文化的内涵。

1. 早期茶的认识

关于国人饮茶的起源，可谓众说纷纭。《茶经》中说："茶之为饮，发乎神农氏"。《神农本草经》又云："神农尝百草，日遇七十二毒，得荼而解之"，这里的"荼"（tú）被认为是最早的"茶"。虽然神农氏的传说无从考证，但古人对茶的药用功效和可食用性认识颇早，如古人以茶醒酒、以药茶治病。古人总结茶可以解表去渴、提神醒脑、健胃消食，具有药用的保健和治疗作用。现代科学也证实，茶中的主要有机化学成分有茶多酚类、植物碱、蛋白质、氨基酸、维生素、果胶素、有机酸、脂多糖和多种无机矿物，有益身体健康。

《晏子春秋》中有云："婴相齐景公时，食脱粟之饭，炙三弋、五卵茗菜而已"，这里的"五卵茗菜"即为鸟蛋炒茶叶一类的菜肴。《晋书》中记载："吴人采茶煮之，曰茗粥"。可见，以茶入菜在中国历史悠久，这也是先人对以茶防病、治病，药食功效于一身的认识。

继认识到茶的药用和食用功效后，祖先又发掘了茶叶的日常饮用功效。但早期的饮茶仍有羹饮食用的影子。西汉时期，人们采集茶树叶制成饼状，用米汁封口，称为茶饼。要用茶饼煮汤汁饮用时，则先将茶饼烤至松脆，取下一部分捣成粉末放进瓷器中，用开水冲泡，再放入少量葱、姜、橘子末或片进行调味。这种加入调味料或香料的饮茶习惯，直至宋代才逐渐被纯茶清饮所代替。

2. 茶文化的萌芽时期

中国西南地区（主要是云南省）是世界茶树发源中心，但中国茶文化的起源却是在巴蜀地区。大约商末周初，巴蜀人已开始饮茶，随后还以茶作为纳贡珍品；西汉初期，蒙顶山甘露寺的普慧禅师便开始人工种植茶树。西汉的司马相如和扬雄都是巴蜀人，也都是早期的著名茶人，前者作《凡将篇》，后者作《方言》，分别从药用角度和文学角度谈到了茶。《僮约赋》中记载有"烹茶尽具"，说明当时不仅文人、雅士和僧人已有饮茶风气，而且奠定了"逸""闲"的茶文化基调。

魏晋南北朝时期，是我国茶文化的萌芽时期，此时茶叶作为商品已在全国流通开来，广泛用于食料、药料、饮品、贡品、祭品。茶文化最初是由儒家积极入世的思想开始的。受骚乱等局势所限，文人无以匡时救国，只能聚众办席、高谈阔论，但宴席之上能饮者并不多见，且酒后失态不雅，此时以茶代酒既可长饮又可保持清醒，遂饮茶之风兴起，相关的诗词歌赋也日渐增多。同时政客们还提出"以茶养廉"的倡议，并将这种以茶代酒的宴会称为茶宴，以对抗奢侈之风。对此，《茶经》中也开宗明义地指出："茶者，南方之嘉木也。茶之为用，味至寒，为饮最宜精行俭德之人。"

魏晋南北朝时期，各种文化思想交融碰撞，又恰逢佛教在中国传播与发展和本土宗教道教形成和发展的时期，茶以其清淡、娴静的本性和提神醒脑的功效而受到玄学家、文人、宗教徒的青睐，成为聚会雅谈、禅定入境等修行的必备之物。此时，茶的文化和社会公用已开始显露，并逐渐超越了它的自然使用功能。

3. 茶文化的形成时期

隋唐时期，中国的茶文化已基本形成，茶叶由饮用变为品饮，由一种习惯和爱好成为一种修养和文化。中国茶文化的形成具体表现为：第一，茶叶的生产、加工具备一定规模；第二，茶叶科学已形成较为完整的体系，茶事活动由实践开始上升到理论水平；第三，饮茶在精神领域有了较完美的体系，如茶道、茶礼、茶文化与中国的儒、禅、道哲学思想紧密结合；第四，与茶相关的文学著作、诗画作品众多；第五，统治者开始施行“茶政”，唐德宗始征茶税和确立贡茶制度。

隋唐时期，“上有好者，下必甚焉”的情况甚烈。隋文帝以及许多唐代帝王都对茶极为酷爱，引得一些趋炎附势之人为博青睐，而研究茶、贡献茶。曾有人用“穷春秋，演河图，不如载茗一车”来讥讽隋文帝时期的这种不正之风。唐代的皇亲国戚、地方官员以及百姓也都好茶，而且还喜欢斗茶。斗茶又称“斗茗”“茗战”，是古人集体品评茶质量优劣的一项茶事活动。斗茶所用茶、水、器皿等十分讲究，从而大大推动了茶文化的形成与发展。

唐代是中国茶文化的辉煌时期，唐代最重要的茶人和茶事是“茶圣”陆羽和其所著《茶经》。陆羽身世凄凉，幼为弃儿，后被和尚收养，虽长于佛门，却倾心儒学，但一生未曾致仕。陆羽一生清贫，对茶情有独钟。为了研究茶叶的生产等，跋山涉水，深入各个茶区调研，参加茶树的种植和茶叶的采摘，并研究茶水、茶器等，对我国乃至世界许多国家的茶文化的建立和发展都起到了奠基作用。唐人对茶的用水十分讲究，《煎茶水记》中把天下水分为二十等，提出水的品质会影响茶汤色香味，而茶汤品质的好坏与茶、泡水乃至茶具都有关系。

唐代是我国历史上疆域辽阔、国泰民安、经济繁荣的封建王朝，国力的强盛、交通的发达、经济文化交流的活跃都为茶叶的流通和茶文化的传播创造了有利条件。《封氏闻见记》“饮茶”卷记载：“始自中地，流于塞外”。唐代开元以后，外交往来频繁，文成公主和亲西藏，带去的茶叶与当地饮食习惯结合，产生了酥油茶；日本遣唐使也将习得的种茶、制茶、饮茶方法带回日本，后世发展成独树一帜的日本茶道。

4. 茶文化的兴盛时期

古语云：“茶兴于唐，而盛于宋。”宋太祖好茶，在宫廷中开设茶事机关，对茶叶分派等级，将茶仪归入礼制，以茶叶作为赏赐之用，茶宴遍行朝野。官家设御焙、官焙，民间有茶坊、茶铺，茶叶流通非常兴盛，茶的税赋收入已成为国家财政的重要组成。

随着茶业的兴盛，饮茶风俗深入到社会的各个阶层，正是“茶之为用，等于米盐，不可一日无”。宋代在文人墨客、达官显贵以及僧侣信众间出现了许多品茗的专门组织，如茶社团、汤社、千人社等。斗茶之风依然盛行，斗茶的过程是以竞赛的形式品评茶质优劣的一种风俗，对用料、器具和烹制方式都有严格的要求，因而具有很强的技巧性和趣味性。民间日常茶俗也十分丰富，如有人迁徙，邻里要“献茶”；有客来，要敬“元宝茶”；订婚时，要“下茶”；结婚时，要“定茶”；同房时，要“合茶”。

宋代对茶的烹制方法较先前有了很大改变。唐朝主要为烹茶法，又称煎茶法，即将茶饼在火上烤热，茶叶粉碎后入鼎中，置于火上烹煮而得茶饮。烹煮时需在茶汤中添加作料，以去除苦味。宋代则盛行点茶法，点茶法是将碾细的茶叶末直接加入茶盏中，注入少量沸水调成糊状，然后再注入沸水，同时搅动使茶末上浮，形成粥面。宋代饮茶一改唐代加盐和香料的习惯，逐渐改为纯茶清饮。此外，宋代还将巨大茶饼改为小巧、雅致的团茶，并开创了以茉莉、玫瑰、蔷薇、兰蕙、菊花、水香梅花等与茶叶相伴，制作花茶的方法。

5. 茶文化的普及

元代统治者是马背上的民族，饮茶粗放、崇尚简约，于是散茶又开始流行。游牧民族的饮食以肉为主，菜蔬较少，茶对他们而言除了解渴，更重要的是生理需要，即补充饮食中缺少的微量元素和膳食纤维，而饮茶的文化因素几乎被完全忽视。伴随着散茶的流行，“泡饮法”也逐渐兴起。“泡饮法”是将茶置于容器中，加入沸水冲泡后直接饮用。

到了明代，团茶制作被废止，散茶泡饮流行起来。在茶具应用方面，明代也一改崇金贵银的习气，转为推崇陶制、瓷质茶具，如白瓷、青花瓷、宜兴紫砂壶等。尤其是紫砂壶，因其形制和材质都迎合当时社会追求的平淡、端庄、质朴、自然、温厚、闲雅的精神需要，最终形成了一门独立的艺术。明清时期，茶叶的生产方式也发生了许多变化，如创立半发酵茶和发酵茶的制作工艺，开始出现蒸青、炒青、烘青等工艺。

明清时期，不仅传世的与茶相关的诗文画作不计其数，而且品饮境界也有了进一步提升，有意识地追求自然美和环境美。张源在《茶录》中阐述茶道的追求应是茶汤之美、茶味之真，力求进入目视茶色、口尝茶味、鼻闻茶香、耳听茶涛、手摩茶器。张大复认为：“世人品茶而不味其性，爱山水而不会其情，读书而不得其意，学佛而不破其宗。”他以此强调世人品茶可不必计较水的味道，而应该注重身心的放松愉悦，以达到超然物外、情致高洁的境界。

清代的许多诗歌、小说中记录民众“以茶待客、以茶祭礼、以茶为聘、以茶赠友”的风俗。此时，茶馆作为一种平民式的饮茶场所备受欢迎，其从经营和功能特色上看，兼具饮茶场所和听书场所的效用，有时也兼有赌博或者纠纷裁判场所的效用。清代是我国茶馆的鼎盛时期，据记载此时北京有名的茶馆已达30多家，清末上海的茶馆也有66家之多。江苏、浙江一带，有的镇全部居民只有数千户，而茶馆多达百余家。

二、中国名茶

我国是产茶、饮茶大国，西南茶区为茶树发源地，茶叶种类众多，品名逾1100种。中国十大名茶分别为西湖龙井、洞庭碧螺春、信阳毛尖、太平猴魁、六安瓜片、黄山毛峰、安溪铁观音、凤凰水仙、祁门红茶、君山银针。

划分茶叶的依据有很多，根据制造工艺和品质特点可分为绿茶、黄茶、白茶、乌龙茶、红茶、黑茶，又被称为基本茶类；根据茶叶生产加工方法分为毛茶（初制茶）和成品茶（精制茶）；根据茶叶发酵程度分为不发酵茶、半发酵茶、全发酵茶、后发酵茶。在基本茶类之外的为再加工茶类，包括花茶、紧压茶、非茶之茶、含茶饮料等。

1. 绿茶

绿茶是我国产量最大的茶类，主要产茶地区为江苏、浙江、安徽、四川四省。绿茶为不发酵茶，以茶树嫩芽嫩叶为原料，制成的干茶以及其冲泡后的茶汤、叶底均以绿色为主调，味淡微苦。绿茶中保留了较多的天然物质，如茶多酚、咖啡因、叶绿素和维生素等，因而具有一定的防衰老、防癌、抗癌、杀菌、消炎的功效。

绿茶的主要名品有西湖龙井、洞庭碧螺春、黄山毛峰、六安瓜片、太平猴魁、信阳毛尖、庐山云雾、竹叶青、雨花茶、安吉白茶。

2. 黄茶

黄茶属于发酵茶，发酵度为10%，发酵程度不高，具有黄汤黄叶的特点。黄茶是中国特有茶类之一，与绿茶的加工工艺相比，多了一道闷黄工艺，工艺包括鲜叶、杀青、揉捻、闷黄、干燥。

黄茶的主要名品有君山银针、蒙顶黄芽、霍山黄芽、温州黄汤、沩山毛尖。

3. 白茶

白茶属于轻微发酵茶，也是中国特有茶类之一。白茶制作时要求原料嫩芽及其以下1~2片嫩叶都满披白毫，因而茶叶成品外表满披白色绒毛，整体看起来色白隐绿，茶汤色泽浅淡晶黄，甘洌爽口。

白茶的主要名品有白毫银针、白牡丹、贡眉。

4. 乌龙茶

乌龙茶，又称青茶，属于半发酵茶，也是中国特有茶类之一，主要产于福建、广东和中国台湾三地。乌龙茶的制作工艺综合了绿茶与红茶的工艺特点，因而其品质也介于两者之间。干茶颜色为青绿色或青褐色，汤色呈翠绿、蜜绿、金黄色，香气浓郁，常有花香、果香、熟果香，入口回甘带蜜味。乌龙茶对人体分解脂肪有一定的促进作用，在日本又被称为“美容茶”“健美茶”。

乌龙茶的主要名品有安溪铁观音、安溪黄金桂、凤凰水仙、武夷岩茶（大红袍、铁罗汉、白鸡冠、水金龟）、闽北水仙、安溪色种（本山、毛蟹、梅占、奇兰）、台湾东方美人茶、台湾冻顶乌龙。

5. 红茶

红茶属于全发酵茶，因干茶色泽暗红、茶汤色泽红艳明亮而得名。世界上最早的红茶是由中国福建武夷山茶区的茶农发明的“正山小种”，继而又在印度和斯里兰卡发展开来。红茶入口醇厚略带涩味，具有甜香或焦糖香。红茶可以帮助胃肠消化、提高食欲，有利尿、消水肿、强壮心肌等功效，因而适合饭前、空腹和日常饮用。在冬季品饮红茶有暖胃的功效。

我国传统红茶因制作方法不同，又有工夫红茶、小种茶、红碎茶之分。工夫红茶的主要名品有祁红、滇红、宁红、川红、闽红、胡红、越红；小种茶的主要名品有正山小种、金骏眉、银骏眉。

6. 黑茶

黑茶属于后发酵茶，是中国特有茶类之一，可长期存放，主要产于湖南、湖北、四川、云南、广西等地。黑茶由粗老的梗叶制成，汤色为橙黄色或枣红色，滋味醇厚，回甘好。黑茶具有降血压、降血糖、降血脂和增强肠胃功能的作用。

黑茶的主要名品有湖南黑茶、云南普洱茶、湖北老边茶、四川边茶、广西六堡散茶。

三、中国茶俗

1. 茶具

品茶之趣，不仅关乎茶之色、香、形、味，也和品茶时的心态、环境、茶友、话题有关，而上述几点往往需要适宜的茶具烘托配合。明代许次纾《茶疏》中说：“茶滋于水，水精于器，汤成于火，四者相顾，缺一则废”，也点明了茶叶、泡水、茶器和火候间的紧密联系。

《红楼梦》第四十一回有对“贾母携刘姥姥等人来到栊翠庵，妙玉招待众人吃茶”的描写，虽然只寥寥数语，却将古人饮茶时“择人、择茶、择水、择器、择境”的要求表现得淋漓尽致。书中写道：因贾母不喝六安茶，妙玉为她准备的是用旧年雨水泡的老君眉。茶水盛放在“成窑五彩小盖钟”内，由妙玉亲自用“海棠花式雕漆填金云龙献寿的小茶盘”端到贾母身前。而其他贾母随行的人则用的是“一色官窑脱胎填白盖碗”。同样是本回，耳房内妙玉请宝钗、黛玉吃的体己茶，则是用埋藏在地下的五年前在玄墓蟠香寺收的梅花上的雪冲泡的。宝钗、黛玉、宝玉所用茶杯也是各有不同。曹雪芹在这里虽是借助一系列茶事，为他塑造人物性格、表达人物内心世界服务，但我们却可借助这些文化现象的描写，了解到中国18世纪中叶封建贵族之家的风习和茶文化。

茶具，一般是指煎煮、品饮茶的各式器具，因而与茶叶、烹茶的方式、品茶的方式都有关系。中国的茶具种类繁多，形势复杂，质地迥异，一般分为陶土茶具、瓷器茶具、漆器茶具、紫砂茶具、玻璃茶具、金属茶具和竹木茶具等。

在中国现代茶艺中，按功能分类，有如下主要茶具：茶壶，紫砂壶比较适合沏泡乌龙茶或普洱茶；瓷壶比较适合沏泡红茶、中档绿茶、花茶；玻璃壶比较适合沏泡花草茶、红茶、高档绿茶。茶船，多为木制，也有陶制或石制。样式多样，如长形、方形、圆形或异形。闻香杯、品茗杯，质地多样，如瓷、陶、紫砂、玻璃等。闻香杯用来嗅闻茶香，品茗杯用来品尝茶汤。茶垫（杯托），有杯就一定要有杯托，缺一不可。茶海（公道杯、茶盅），用于盛放泡好的茶汤，起到中和、均匀茶汤的作用。有紫砂、陶、瓷、玻璃等质地。滤网，与茶海配套使用，用来过滤茶渣。

辅助工具有茶艺六用，包括茶则，用来盛取茶叶；茶匙，协助茶则将茶叶拨至泡茶器中；茶夹，代替手清洗茶杯；茶漏，扩大壶口的面积，防止茶叶外溢；茶针，当壶嘴被茶叶堵住时用来疏通；茶筒，用来盛放上述茶艺工具。茶荷，用来欣赏干茶。茶巾，在整个泡茶过程中用来擦拭茶具上的水渍、茶渍，能够保持桌面干净整洁。茶仓（茶叶罐），用来盛装、储存茶叶。普洱刀（茶刀），用来撬取紧压茶的茶叶。茶趣，用来装饰、美化茶桌，可在泡茶过程中增加情趣。一般为紫砂质地，造型各异，有瓜果梨桃、动物或人物造型。

2. *以茶为聘*

聘礼指订婚时男家给女家的财礼。中国古代把婚礼过程分为六个阶段，古称“六礼”，即纳采、问名、纳吉、纳征、请期、亲迎。其中“纳征”即指男家将聘礼送往女家，又称纳币、大聘、过大礼等，是“六礼”中较为烦琐的礼仪环节。

在宋代，茶叶已被列为聘礼中的必备之物。此时民间也将送聘礼称为“下茶”“行茶礼”或“茶礼”；女子受聘，谓之“吃茶”或“受茶”。婚俗中的“三茶”即是指订婚时的“下茶”、结婚时的“定茶”、洞房里的“合茶”。

这种宋代盛行的茶礼婚俗，也被元明清三代所承袭。明末冯梦龙在《醒世恒言》中，多次提到青年男女以茶行聘之事。在《陈多寿生死夫妻》一文中，就写到柳氏嫌贫爱富，要女儿退还陈家聘礼，另攀高枝，女儿说：“从没见过好人家女子吃两家茶。”又如，清代曹雪芹的名著《红楼梦》里，凤姐笑着对黛玉道：“你既吃了我们家的茶，怎么还不给我们家做媳妇?”这里所说的“吃茶”都是指订婚行聘礼。

茶叶之所以能成为聘礼中的必备之物，主要与茶树的生长习性有关。明代郎瑛的《七修类稿》里记载："种茶下籽，不可移植，移植则不复生也，故女子受聘，谓之吃茶。又聘以茶为礼者，见其从一之义。"类似的记载也见于明代许次纾的《茶疏考本》中。清代曹廷栋的《种茶子歌》记载："百凡卉木移根种，独有茶树宜种子。茁芽安土不耐迁，天生胶固性如此。"古人认为茶树的种植以播种为宜，且成活后具有"不耐迁"的特性，以此寄托婚姻中男女忠贞，从一而终的愿望。其二，茶树的树龄可达百年乃至千年，因此也符合人们对长长久久，白首偕老的期望。其三，茶树花由授粉到果实成熟，大约需一年零四个月，在这期间，仍不断产生新的花芽，继续开花、授粉和产生新的果实，所以往往能同时间看到花与果，又称"花果同现"。茶树这种枝繁叶茂、花开朵朵、果实累累的特性，也符合中国人子孙满堂、合家兴旺的美好愿望。

时至今日，以茶为聘的习俗依然保留着。如湖南农村男女订婚时要有"三茶"，即媒人上门，沏糖茶，表示甜甜蜜蜜；男青年第一次上门，姑娘送上一杯清茶，以表真情一片；结婚入洞房时，以红枣、花生、桂圆和冰糖泡茶，送亲友品尝，以示早生贵子、生活和美。

3. 广式叹早茶

"叹早茶"是广东传统文化中非常重要的一部分，粤语中的"叹"即是享受的意思。茶楼也是广东最有代表性和最传统的吃早餐的地方。早茶时，人们即可倾谈生意、交换信息，也可以会朋聚友、谈天说地，再有就是扶老携幼、共聚天伦，生意人也可把茶楼当作商谈重地。但总体而言，广式早茶的核心主旨却是"为名忙，为利忙，忙里偷闲，饮杯茶去；劳心苦，劳力苦，苦中作乐，拿壶酒来"，是人们疏解压力，交流感情的媒介。广州著名的茶楼"陶陶居"有一副对联写道："陶潜善饮，易牙善烹，恰相逢作座中君子；陶侃惜飞，夏禹惜寸，最可惜是杯里光阴。"这副对联形象地描绘出饮茶在广东人生活中的重要地位。

既名为"早茶"，茶水便是不可缺少的一部分。早茶的茶水以红茶为主，取其暖胃去腻、利于消化之功效。另外，安化黑茶、普洱茶、铁观音、大红袍等也都可选。广州人饮茶并无什么礼仪的讲究，唯独在主人给客人斟茶时，客人要用食指和中指轻叩桌面，以示感谢。

时至今日，广式早茶中的茶水已渐成配角，茶点却愈发精致多样。根据茶楼大小不同，饮茶时提供的茶点有几十甚至上百种。广式茶点分为干湿两种，干点有饺子、粉果、包子、酥点等，湿点则有粥类、肉类、龟苓膏、豆腐花等。比如虾饺，以澄面等粉类制皮，包裹入鲜虾馅，蒸熟后表面晶莹透亮，微微露出红色的鲜虾，咬下后汁水四溢，回味无穷，是每家茶楼必制的招牌。某些高级茶楼还会特制燕窝酥皮蛋挞，蛋液的香、燕窝的甜和外壳的酥脆，正是口味和口感的双重享受。虾饺、烧卖、娥姐粉果、蛋挞、肠粉、咸粽子、糯米鸡、叉烧酥、叉烧包、糯米鸡、豉汁凤爪、炒河粉、及第粥、皮蛋瘦肉粥、生滚鱼片粥等各式点心放在推车里，推车来到客人面前即可随意选择。“叹早茶”这一广东传统文化随时代发展越来越被人们推崇，并称为粤菜的一张名片。

4. 少数民族特色茶俗

(1) 藏族的酥油茶

喝酥油茶是藏族同胞一种独特的风尚。制作酥油茶的酥油是一种从牛奶、羊奶中提炼出的脂肪，类似于黄油。制酥油茶的茶叶一般选用紧压茶类中的普洱茶、金尖等。酥油茶的加工方法比较讲究，一般先用一口锅烧水，待水煮沸后，再用刀把紧压茶捣碎，放入沸水中煮约半小时左右，待茶汁浸出后，滤去茶叶，把茶汁装进圆柱形的打茶筒内；与此同时，用另一口锅煮牛奶，一直煮到表面凝结一层酥油时，再把它倒入盛有茶汁的打茶筒内，再放上适量的盐和糖。这时，盖住打茶筒，用手把住在直立茶筒之中能上下移动的长棒，不断舂打。根据藏民的经验，直到筒内声音由“咣当，咣当”变成“嚓吵，嚓吵”时，茶、酥油、盐、糖等即已混为一体，酥油茶就打好了。

打酥油茶用的茶筒多为铜质，也有用银制的。而茶具多为银质，也有用黄金加工而成的。茶碗虽以木碗居多，但常常是用金、银或铜镶嵌而成，也有用翡翠制成的，而用翡翠制成的茶具也常被视为传家之宝。不同等级的茶具是人们财产拥有程度的标志。

西藏地处高原，气候寒冷干燥，膳食以肉食为主，果菜甚少。酥油茶是一种以茶为主料的多种原料混合而成的液体，滋味多样，喝起来涩中带甘，咸里透香。饮用起来既可暖身御寒，又可为藏区人民补充其饮食中缺少的维生素等营养成分，再配合糌粑一起食用，更是美味。

在藏民家做客，喝酥油茶是必需的，而且需要讲究一定的礼节。宾客喝酥油茶时，不能端碗一喝而光，而应该每喝一碗茶都留下少许，表示对女主人打茶手艺不凡的赞许，然后再由女主人斟满。如客人不想再喝了，就把剩下的少许茶汤有礼貌地泼在地上，表示酥油茶已喝饱了。

(2) 蒙古族的咸奶茶

蒙古族人民喜欢喝咸奶茶，就是将茶、牛羊奶、盐巴一起在铁锅中煮沸而成的茶，所用茶叶多为青砖茶和黑砖茶。每日清晨起来，主妇们先煮上一锅咸奶茶，供全家整天喝用。蒙古族人平均茶年消费量高达 8 千克左右，多的在 15 千克以上。

煮咸奶茶看起来比较简单，其滋味、营养成分与煮茶时茶奶盐的量、添加先后顺序、使用的锅、烧制的时间都有很大关系。如茶叶放得较迟，或者将茶与奶放入的次序颠倒了，茶味就会出不来；而烧煮时间过长，又会使咸奶茶的香味丧失。蒙古族同胞认为，只有器、茶、奶、盐、温五者相互协调，才能煮出咸甜相宜、美味可口的咸奶茶来。

蒙古族妇女都非常重视煮咸奶茶的功夫，一般从姑娘懂事开始，母亲就会用心向女儿传授煮茶技艺。姑娘出嫁时，婆家迎亲后，新娘就得当着亲朋好友的面显露一下煮茶的本领，并将亲手煮好的咸奶茶敬献给各位宾客品尝，以示身手不凡、家教有方。

（3）维吾尔族的奶茶与香茶

生活在新疆的维吾尔族以及其他兄弟民族，也都酷爱饮茶。而且还喜爱用喝过的茶渣做饲料喂马饲驴，认为这样可使马、驴毛色油光明亮。维吾尔族虽然集中居住在同一自治区内，喝的又多是茯砖茶，但由于天山山脉横亘新疆中部，使得区内天山南北气候各异，饮茶的习惯也不一样。北疆以畜牧业为主，人们多以放牧为生，以喝加奶的奶茶为主；南疆虽为塔克拉玛干沙漠地区，但沙漠外围的冲积平原是水草丰茂、农产富饶的绿洲，人们多以农业为生，以喝加香料的香茶为主。

北疆牧民喝奶茶，早、中、晚三次是不可少的，中老年牧民还要上、下午各增加一次，有的甚至一天要喝七八次。如果有客从远方来，那就会迎客入帐，席地围坐，女主人会端上烤羊肉、馕、奶油、蜂蜜、苹果以及奶茶招待客人。在一边谈事叙谊，一边喝茶进食的同时，女主人始终在旁为客人敬茶劝吃。如果客人已经吃饱喝足了，按当地的习惯，只需在女主人献茶时，用右手分开五指，轻轻在茶碗上一盖，就表示“谢谢！请不用再加了”。喝奶茶，对初饮者来说，会感到滋味浓涩而不大习惯，但只要在高寒、少蔬菜、多食肉类的北疆住上十天半月，就会感到喝奶茶实在是一种补充维生素和营养，以及帮助去腻消食不可缺少的饮料。对当地牧民“不可一日无茶”之说，也就不解自通了。

南疆的香茶，用的茶叶与煮奶茶相同，只是最后加入的佐料并不是牛奶与盐巴，而是用胡椒、桂皮等香料碾碎而成的细末。煮香茶用的通常是一把铜质长颈茶壶或搪瓷茶壶，为防止倒茶时茶渣、香料混入茶汤，在壶嘴上往往套有一个网状的过滤器。南疆人民喝香茶，大多是日喝三顿，与早、中、晚三餐同时，一边吃馕一边喝香茶。在南疆，与其说茶是一种饮料，还不如说茶是一种汤料，是一种以茶代汤、用茶做菜的做法。现代医药学表明：胡椒能开胃，桂皮可益气，茶叶能提神。这样，三者相互调补，相得益彰，使茶的药理作用有所加强。

（4）白族的三道茶

白族散居在我国西南地区，主要分布在云南省大理白族自治州。白族人家不论在逢年过节、生辰寿诞、男婚女嫁等喜庆日子里，还是在亲朋好友登门造访之际，都会以“一苦二甜三回味”的三道茶款待宾客。

三道茶，白语叫“绍道兆”，是白族待客的一种风尚。宾客上门，主人一边与客人促膝谈心，一边吩咐家人忙着架火烧水。待水沸开，就由家中或族中最有威望的长辈亲自司茶。所谓司茶就是先将一只较为粗糙的小砂罐置于文火上烘烤，待罐烤热后，随即捏取一小撮茶叶放入罐内，并不停地转动罐子，使茶叶受热均匀，待罐中茶叶“啪啪”作响，色泽由绿转黄，发出焦香时，向罐中注入已经烧沸的开水。少顷将罐中沸腾的茶水倾注到一种叫“牛眼睛盅”的小茶杯中。小茶杯中茶汤容量不大，是因为白族认为，“酒满敬人，茶满欺人”。所以，茶汤仅半杯而已，一口即干。由于此茶是经烘烤、煮沸而成的浓汁，因此看上去色如琥珀，闻起来焦香扑鼻，喝进去滋味苦涩。冲好头道茶后，主人用双手举茶敬献给客人，客人双手接茶后，通常一饮而尽。此茶虽香，却也味苦，因此谓之“苦茶”。白族称这第一道茶为“清苦之茶”，寓意做人“要立业，就要先吃苦”。

第一道茶后，主人会在小砂锅中重新烤茶置水（也有用留在砂罐内的第一道茶重新加水煮沸的）。与此同时，将小茶杯换成小碗或普通杯子，内放红糖和核桃肉，冲茶至八分满时敬给客人。此茶甜中带香，别有一番风味。白族人称第二道茶为糖茶或甜茶，寓意“人生在世，做什么事，只有吃得了苦，才会有甜香来”。

第三道茶的制法是主人先将一满匙蜂蜜及3~5粒花椒放入杯（碗）中，再冲上沸腾的茶水，容量多以半杯（碗）为度。客人接过茶杯时晃动茶杯，使茶汤和佐料均匀混合后趁热饮下。此茶喝起来回味无穷，可谓甜、苦、麻、辣，各味俱全。因此被称为“回味茶”。有的主人更是别出心裁将牛奶熬制而成的乳扇置于文火上烘烤，当乳扇受热起泡呈黄色时，随即用手揉碎加入第三道茶中。这种茶喝起来，既能领略茶香茶味，还能品尝到白族传统食品的风味，更是回味无穷。第三道茶的寓意也正是“回味”，要牢记“先苦后甜”的哲理。

白族人行三道茶之礼时，一般每道茶相隔三五分钟进行。另外，还得在桌上放些瓜子、松子、糖果之类，以增加品茶情趣。

(5) 客家擂茶

擂茶是中国茶文化中一种较古老的吃茶方法，相传三国时代的蜀国大将张飞率军巡阅湖南武陵郡时，军中多有中暑迹象，地方父老献上“三生饮”，即生米、生茶叶、生姜三样捣碎后加盐冲饮，饮后暑病即除。这种“三生饮”逐渐演变成现在的“擂茶”，并逐渐在湖南、贵州、江西、福建、广东、广西等地的山区民间和台湾客家人间流行。

擂茶是以茶叶和花生、芝麻、大米、生姜、胡椒、食盐为原料，放入特制的陶质擂罐内，以硬木擂棍在罐内旋转将各物磨成细粉，然后取出用沸水冲泡，便调成擂茶，喝起来风味十分特殊。擂茶的材料因地、因人而有所增减，但基本材料（茶叶、花生、芝麻、生姜）必不可少。湖南、江西两地大都使用绿茶，福建、广东则使用乌龙茶，台湾省使用包种茶。茶汤一般为黄白的象牙色，看似豆浆，又似乳汁，但新鲜绿茶或包种茶占的比例较多时，则成绿黄色。

（6）回族八宝茶

回族也是一个具有饮茶习惯，并喜以茶待客的民族。回民常饮的“八宝茶”对配料十分讲究，一般在茶中配上元胡、冰糖、枸杞、葡萄干、核仁（杏仁）、果干、芝麻、红枣等，也可根据个人喜好添加其他不同的配料。

在甘肃及宁夏回族自治区，都以“三炮台”碗泡八宝茶招待亲友。所谓“三炮台”，其实就是由盖、杯身、杯托三部分构成的“盖碗”，即可闻香、观色又可品茗。托盘用来承托茶碗；茶碗底小口大，形似喇叭，注水方便，还能让茶叶沉积于底，添水时茶叶翻滚，易于泡出茶汁；碗盖严丝合缝地扣在茶碗上，有利于保温和凝聚茶香。用盖碗泡茶，盖子可以保温，还可避免茶水溢出浸桌，杯托端起来喝茶不烫手。现代城市茶馆内饮八宝茶已很普遍，尤其在我国四川地区也有用盖碗饮茶的习惯。

喝盖碗茶时，一般用左手端起茶碗和托盘而将整杯茶端起，然后右手抓起盖子，轻轻在茶的表面“刮”几下，其作用是箅除表面的茶叶末，另外如果是饮八宝茶也可助冰糖融解开来。每刮一次后，将茶盖呈倾斜状，用嘴吸着喝。注意不能端起茶盅接连吞饮，也不能对着茶碗喘气饮吮，而应该一口一口地慢慢饮。主人敬茶时，客人一般不要客气，更不能对端上的茶一口不饮，那样会被认为是对主人的不礼貌与不尊重。

在四川旅游时喝到的“盖碗茶”除茶具独特外，“茶博士”的冲茶技艺也十分高超，具有很高的观赏价值。他们能一手提长嘴大铜壶，一手拎数十套茶碗，摆放茶碗利落迅速，倒茶时如彩蝶飞舞，更能隔座添水，让水柱凌空而降，翻腾有声，而当茶水与碗沿相齐，就戛然而止，碗外不留一滴水，让游客叹为观止。四川的盖碗茶以花茶、沱茶较为多见。

第二节　中国酒文化

酒的种类繁多，根据生产方法可分为酿造酒（发酵酒）和蒸馏酒两类。酿造酒是含糖物质在酵母菌的自然作用下，生成的香气扑鼻、香醇可口的含酒精饮品。蒸馏酒出现的较晚，它是在酿造的基础上进一步蒸馏冷却后得到的更高酒精度数的饮品。

现代科学已经证实，酵母菌是人类文明史中被应用最早的微生物，它在自然界中分布广泛，且主要生长在偏酸性的潮湿含糖环境中，比如水果表皮或者某些植物的分泌物中。酵母菌可以利用糖类产生二氧化碳和乙醇（酒精）。因为果物和动物乳汁中的糖类结构简单，适合酵母菌生长代谢，且所需要的酿造条件和技术要求较为简单，所以果酒和乳酒也就成为人类最原始的酿造酒。

随着酿酒业的普遍兴起，酒逐渐成为人们日常生活的用物，酒事活动也随之广泛，并逐渐形成了符合当时思想文化意识的较为系统与程式化的饮酒习俗。这些风俗习惯涉及人们生产、生活的诸多方面，内容丰富，形式万千。

一、中国酒文化的发展

1. 中国酿酒技术

以谷物为原料制备酿造酒的方法有两种。一类是利用谷物发芽过程中自然产生的酶，降解原料中的多糖，进而再利用酵母吸收单糖生成酒精和风味物质。另一类是以酒曲酿酒。周代《酒诰》记载："有饭不尽，委余空桑，郁结成味，久蓄气芳，本出于此，不由奇方。"天然谷物受潮或者吃剩的谷物堆聚时间久了都会发霉，而这些发霉的谷粒就是天然的曲蘖。现代科学也证实，酒曲中不仅含有可分泌淀粉酶、糖化酶和蛋白酶等霉菌，还含有酵母菌，使得淀粉质原料的糖化与酒化同时进行。而且，酒曲本身也是含有淀粉和蛋白质的酿酒原料。以酒曲酿酒，是中国古代的一项重要发明，对日本、韩国、越南等周边国家也都有巨大影响。

中国饮食文化的形成时期也是中国传统酒的奠基时期。据《周礼·天官·浆人》记载，当时的"饮"可分为"水、浆、醴、凉、醫、酏"。水，即清水；浆，即用米汁酿成的略带酸味的酒；醴，即一种酿造一夜而成的甜酒；凉，是以炒熟的米、面等干粮加水浸泡至冷的半饮半食之品，类似北方的绿豆糕和南方的芝麻糊；醫，是在米汁中加入醴酒的饮品；酏，类似今天的稀粥。《黄帝内经》中记载的"醴酪"是我国关于乳酒最早的记载。当时酿酒业已有很大发展，官府设有专门的酿酒机构负责进行酒的生产、研究酒的酿造、管理酒的使用。此时，酒除了用于祭祀外，也是帝王或诸侯等上层阶级的享乐品。

随着《齐民要术》《酒法》《酒经》等科技著作的问世，先人对酿酒技术的总结与改进也不断完善，黄酒、果酒、药酒、葡萄酒等酒品种类逐渐增多。关于蒸馏酒，《本草纲目》记载："烧酒非古法也，自元时起始创其法。"待到蒸馏器从西域传入我国，酒精度数更高的白酒才得以普及。

2. 中国酒文化的基础

酒的酿造和饮用，在商周时期已初具规模，但周人以农为本，认为大量酿酒会过度消耗粮食，而且过量饮酒，会令人神志不清，于统治者大为不利。因此，西周初期通过颁布了我国历史上的第一部法典《酒诰》，开始中国以法禁酒、以法制酒的酒文化。《周礼·天官宰》中另有记载，周代已出现了多种关于酿酒方面的专职官吏，即设官治酒。酿酒行业开始作为独立手工部门与农业相分离，也标志着酒文化与制度文化开始结伴运行。

古代酒为奢侈品，为神圣之物，因而酒的使用是庄严的事情，非祭祀天地、祭奠宗庙、款待嘉宾不得使用，或生病时需要才可饮酒。在礼制文化的直接影响下，西周统治者还大力倡导酒礼，以明确尊卑等级区别，并避免过度饮酒。

历史上，儒家的学说被奉为治国安邦的正统观点，酒的习俗同样也受儒家酒文化观点的影响。西周倡导的酒德、酒礼同以后的儒家伦理道德思想相融合，成为数千年来中国酒文化区别于西方酒文化的最大特点。

3．酒德、酒礼

酒德最早见于《尚书》和《诗经》。酒德是指饮酒的道德规范和酒后应有的风度。适度者有德，失态者无德，恶趣者更无德。历史上，儒家的学说被奉为治国安邦的正统观点，酒的习俗同样也受儒家酒文化观点的影响。儒家讲酒，以“德”“礼”两字为要。《尚书·酒诰》中集中体现了儒家的酒德，这就是：“饮惟祀”（即只有在祭祀时才能饮酒）；“无彝酒”（不要经常饮酒，平常少饮酒，以节约粮食，只有在有病时才宜饮酒）；“执群饮”（禁止百姓聚众饮酒）；“禁沉湎”（禁止饮酒过度）。所以，儒家并不反对饮酒，认为用酒祭祀敬神、养老奉宾，都是德行。

中国传统思想讲究的酒德有三。第一，量力而饮，即饮酒不在多少，贵在适量，不作力不从心之饮。过量饮酒，一伤身体，二伤大雅。有的人或赌酒争胜，或故作豪饮，或借酒消愁，都是愚昧的表现。第二，节制有度，即饮酒要注意自我克制，这样才能饮酒而不乱。第三，饮酒不能强劝，人们酒量各异，对酒的承受能力不一。强人饮酒，不仅是败坏这一赏心乐事，而且容易出事，甚至丧命。因此，作为主人在款待客人时，既要热情，又要诚恳；既要热闹，又要理智；切勿强人所难，执意劝饮，还是主随客便，自饮自斟的好。

饮酒作为一种食文化，在远古时代就形成了一系列大家必须遵守的礼节，即为酒礼。古代的酒礼是必须遵守的礼节，有时也非常烦琐。因为饮酒过量使人不能自制，容易生乱，所以制定饮酒礼节很重要。如果有人在一些重要的场合下不遵守，就有犯上作乱的嫌疑。古代饮酒的礼仪有拜、祭、啐、卒爵四步。就是先做出拜的动作，表示敬意，接着把酒倒出一点在地上，祭谢大地的生养之德；然后尝尝酒味，并加以赞扬令主人高兴；最后仰杯而尽。又如，主人和宾客一起饮酒时，要相互跪拜。晚辈在长辈面前饮酒，叫待饮，通常要先行跪拜礼，然后坐入次席。长辈命晚辈饮酒，晚辈才可举杯；长辈酒杯中的酒尚未饮完，晚辈也不能先饮尽。

总体而言，我国酒业和酒文化发展史上，西周是一个非常重要的时期。中国酒文化的发展方向在西周既已基本奠定，一是将酿酒、饮酒全部纳入法制化、礼制化和礼仪化，大大增加了酒的精神文化价值；二是发明用曲发酵的技术，酿酒技术在世界范围内独树一帜。

二、中国酒和酒器

1. 中国酒的代表

（1）黄酒

黄酒（Rice wine）是以大米、黍米、黑米、玉米、小麦等为原料，经过蒸料，拌以麦曲、米曲或酒药，进行糖化和发酵酿制而成的各类黄酒，酒精含量一般为14%~20%。黄酒是中国传统酿造酒的代表，发展至今，品种繁多。

黄酒按酿造方法划分，有淋饭酒、摊饭酒、喂饭酒；按酿酒原料划分，有糯米酒、黑米酒、玉米黄酒、粟米酒、青稞酒等；按酿酒所用酒曲划分，有小曲黄酒、生麦曲黄酒、熟麦曲黄酒、纯种曲黄酒、红曲黄酒、黄衣红曲黄酒、乌衣红曲黄酒；按产地划分，有绍兴酒、金华酒、单阳酒、九江封缸酒、山东兰陵酒等；按酒的外观划分，有清酒、浊酒、白酒、黄酒、红酒；其他分类方式，分为加饭酒（半干型）、花雕酒（半干型）、封缸酒（甜型或浓甜型）、善酿酒（半甜型）。

（2）白酒

白酒（Chinese spirits）是以粮谷为主要原料，以大曲、小曲或麸曲及酒母等为糖化发酵剂，经蒸煮、糖化、发酵、蒸馏、陈酿和勾兑而制成的蒸馏酒，又称烧酒、老白干、烧刀子等。白酒是中国特有的一种蒸馏酒，是世界八大蒸馏酒之一。

白酒按照生产工艺划分，有固态法白酒、固液结合法白酒和液态法白酒三类。按照酒的主体香气成分划分，有酱香型白酒、浓香型白酒、清香型白酒、米香型白酒和其他香型白酒。

酱香型白酒又称茅香型，特点是酱香柔润突出、优雅细致、酒体醇厚、回味悠长。酱香型白酒的发酵工艺最为复杂，因而产品数量较少，代表酒品有贵州茅台酒、四川古蔺郎酒、湖南常德武陵酒。

浓香型白酒的特点是窖香浓郁、绵柔干爽、香味协调、尾净余长。国内市场中以浓香型白酒所占比例最大，代表酒品有泸州老窖特曲、五粮液、古井贡酒、全兴大曲、剑南春、洋河大曲、双沟大曲、宋河粮液、沱牌曲酒。

清香型白酒的特点是清香纯正、口味协调、味甜绵长、余味爽净。清香型白酒的口味较适合北方消费者，代表酒品有汾酒、特制黄鹤楼酒、宝丰酒。

米香型白酒的特点是米香清雅纯和、入口柔绵、落口爽冽、回味怡畅。代表酒品有广西桂林三花酒、全州湘山酒。

其他香型白酒也叫兼香型白酒，酿造过程中会部分采用浓香型、酱香型或清香型白酒的工艺，代表酒品有西凤酒、董酒、白沙液等。

2. 中国酒器的发展

酒具，是酒文化最原始的载体，包括了盛酒的容器和饮酒的饮具。在不同的历史时期，由于社会经济的不断发展，酒器的制作技术、材料、外形自然会产生相应的变化，故出现了形形色色、种类繁多、令人目不暇接的酒器。按酒器的材料可分为天然材料酒器（木、竹制品、兽角、海螺、葫芦）、陶制酒器、青铜制酒器、漆制酒器、瓷制酒器、玉器或水晶制品、金银酒器、锡制酒器、景泰蓝酒器、玻璃酒器、铝制罐、不锈钢饮酒器、塑料软包装、纸包装容器等。

商代，由于酿酒业的发达，青铜器制作技术提高，中国的酒器制作业达到前所未有的繁荣。当时的职业中还出现了“长勺氏”和“尾勺氏”这种专门以制作酒具为生的氏族。周代酒器基本上沿袭了商代的风格，也有专门制作酒具的“梓人”。据《殷周青铜器通论》载，商周时期的青铜器共分为食器、酒器、水器和乐器四大部，共50类，其中酒器占24类。按用途分为煮酒器、盛酒器、饮酒器、储酒器、礼器。

此时期盛酒器主要有樽、壶、区、卮、皿、鉴、斛、觥、瓮、瓿、彝等。每一种酒器又有许多式样，有普通型，也有仿动物造型的。以樽为例，有象樽、犀樽、牛樽、羊樽、虎蓢、羊樽、虎樽等。饮酒器的种类主要有觚、觯、角、爵、杯、舟。不同身份的人使用不同的饮酒器，如《礼记·礼器篇》规定：“宗庙之祭，尊者举觯，卑者举角。”此外，还有温酒器，用于饮酒前将酒加热，配以木勺，便于取酒，流行于汉代。湖北随州曾侯乙墓中的铜釜，可置冰储酒，故又称为冰釜。

商周以后，青铜酒器逐渐衰落。漆制酒具成为两汉、魏晋时期的主要器具类型，有盛酒器具与饮酒器具之分。汉代，人们饮酒一般是席地而坐，酒樽放在席地中间，里面放着舀酒的勺，饮酒器具也置于地上，故其形体较矮胖。魏晋时期开始流行坐床，酒具随之变得较为瘦长。

唐代的酒杯形体比过去的要小得多，故有人认为唐代出现了蒸馏酒。唐代开始使用桌子，也出现了一些适合在桌子上使用的酒具。如注子，唐人称为“偏提”，其形状类似今天的酒壶，有嘴，有柄，既能盛酒，又可注酒于酒杯中，因而取代了以前的樽勺。

宋代人喜欢将黄酒温热后饮用，故发明注子和注碗的配套组合。使用时，将盛有酒的注子置于注碗内，往注碗中注入热水，可以温酒。宋代是陶瓷生产鼎盛时期，有不少精美的酒器，一直沿用至今。明代的瓷制品酒器以青花、斗彩、祭红酒器最有特色。清代瓷制酒具有珐琅彩、素三彩、青花玲珑瓷及各种仿古瓷。明清时期至新中国成立后，锡制温酒器广为使用。

在我国历史上还有一些材料或造型独特的酒器，虽然没有普及，却具有很高的欣赏价值，如用金、银、象牙、玉石、景泰蓝等材料制成的酒器。其中著名的有夜光杯、倒流壶、鸳鸯转香壶、九龙公道杯、渎山大玉海。

三、中国酒俗

酒与民俗的关系密不可分，在诸如农事节庆、婚丧嫁娶、生日满月、庆功祭奠、奉迎宾客等民俗活动中，酒都是一个非常重要的角色，即可增添热烈、欢乐、喜庆的气氛，又可增进人们之间的感情。

1. 节庆与酒

旧时人们在传统习俗影响下，认为一些特殊的日子或时节是适宜饮酒的良辰美景。如清代郎廷极的《胜饮篇》中记载了春夏秋冬季适宜饮酒的良辰美景。颂椒，即元旦，饮椒柏酒、屠苏酒；人日，农历正月初七，专与朋友共饮；灯宴，农历正月十三日为上灯宴，十八日为落灯宴，此间家家多有宴饮；探春宴，春时，人们把种的各种花摆在院子里，边喝酒边赏花，然后为花儿们评奖；花朝，农历二月十五日，饮酒赏花；踏青，寒食前后，春游乐事，在郊外踩踩青草嗅嗅花香；社日，旧时祭祀土神的传统节日，分别为立春、立秋后的第五个戊日；宴幄，春游遇雨，搭帐篷，照常宴饮；访花，赏名贵花卉时，常饮之；庭花盛开，宴饮园庭花间，日期不定；修禊，农历三月第一个巳日，出游临绿波、籍碧草、觅、籍碧草、觅芒物、听嘤鸣娱情觞咏之中；听黄鹂声，春日携酒听鸟鸣；送春，怅望送春杯；新绿，赏春发新绿时饮；泛蒲，农历五月初五，端午饮菖蒲酒；观音渡，端午观龙舟、水嬉之乐，携酒饮之；避暑会，暑伏，于林亭中酣饮；竹筱饮，夏月暑饮竹林中；喜雨，暑天毒热，一雨生凉，昼以酒贺；巧夕，农历七月初七；迎秋宴，夏末宴饮迎秋；迎秋宴，夏末宴饮迎秋；新涨，堤边观潮水，饮酒；中秋，团圆节设酌以饮；登高，农历九月九日重阳节；红叶，月叶粲如花，流连觞似舟；好月，不拘何时，醉向月中；暖寒会，冬寒会友饮酒；守岁，除夕饮宴迎新春。

中国人在民俗节庆中还独创了不少特殊的酒，如正月初一的屠苏酒、端午节的雄黄酒、重阳节的菊花酒。①屠苏也作“屠酥”，指古代春节时喝的用屠苏草或几种草药泡的药酒。古时全家在正月初一饮完屠苏酒后，用红布把渣滓包起来，挂在门框上，祈求“驱邪”和躲避瘟疫。《遵生八笺》中记载了屠苏酒的配方："大黄十六铢，白术十五铢，桔梗十五株，蜀椒十五铢，去目桂心十八铢，去皮乌头六铢，去皮脐茇葜十二铢"（古人把一两分为二十四铢）。②雄黄酒，是用研磨成粉末的雄黄炮制的白酒或黄酒。雄黄作为一种中药药材，可用作解毒剂、杀虫药，于是古人就以雄黄克制蛇、蝎等百虫，饮雄黄酒以祈望避邪，且远离疾病。但从现代医学的角度来看，雄黄是一种含砷的化学物质，本身具有毒性，食用可能会对人体造成损害。③菊花酒是加入菊花或菊叶的酒，传统上在重阳节饮用，也被誉为祛灾祈福的"吉祥酒"。早在楚国时期，屈原曾写下"夕餐秋菊之落英"。至汉魏时期菊花酒便已盛行。《西京杂记》载称："菊花舒时，并采茎叶，杂黍为酿之，至来年九月九日始熟，就饮焉，故谓之菊花酒。"李时珍在本草纲目中记载，菊花具有"治头风、明耳目、去痿痹、治百病"的功效。明清时代，菊花酒中又加入多种草药。

此外，还有婚嫁中的合卺酒，寓意夫妻恩爱、白头到老；月米酒，是妇女分娩前几天煮的米酒，一是为产妇催奶，二是为款待客人；冠礼酒，也称成丁酒，冠礼是古代男子年满 20 岁即将孩童时散乱的头发绾起，"束冠"插簪，并命名字号，表示已成年。以及宗教、祭祀、丧葬仪式中的酒，寄托人们对神明的敬畏和对逝者的哀思。

2. 酒令

(1) 酒令的发展

酒令是酒席上饮酒时助兴取乐的一种游戏，是中国酒文化中最富有创造性和情趣的一个内容。酒令最早诞生于西周，完备于隋唐。行酒令时席间都有一位令官，余者听令轮流说诗词、联语或进行其他类似游戏，违令者多被罚饮酒，所以又称"行令饮酒"。古代专门监督饮酒仪式的酒官，最早出现于西周后期。汉代也有"觞政"一职，专门负责在酒宴上执行觞令。

远古时代，中国就有专为宴饮而设的射礼，称"燕射"，即通过射箭决定胜负，负者饮酒。周代的射礼为每人投射 3 次，投射不中目标的，要饮罚酒。酒在射礼中成为惩罚败者之物。春秋战国时期有投壶之戏，也源于射礼。河南南阳卧龙岗汉画馆里还保存有一幅生动形象的投壶石刻图。投壶的壶口广、腹大、颈细长，内盛小豆，因小豆圆滑且极富弹性使所投之矢易被弹出。矢的形态为一头齐一头尖，长度以"扶"（汉制，约相当于 12 厘米）为单位，分 5、7、9 扶，光线越暗，距离越远，则所用之矢越长。投壶开始时，司射（酒司令）确定壶之位置，然后演示告知"胜饮不胜者"，即胜方罚输方饮酒，并奏"狸首"乐。《礼记》中专门列有《投壶》一章，足见其在当时的流行程度。

魏晋时，文人雅士喜袭上古之风，整日饮酒作乐，纵情赶水，清淡老庄，游心翰墨，行"流觞曲水"之酒令。所谓"流觞曲水"，是选择一风雅静僻所在，文人墨客按秩序安坐于潺潺流波之曲水边，一人置盛满酒的杯子于上流，使其顺流而下，酒杯止于某人面前即取而饮之，再乘微醉吟诗赋句。最著名的一次当数晋穆帝永和九年三月三日的兰亭修禊大会，大书法家王羲之与当朝名士41人于会稽山阴兰亭饮酒作诗，最后全部得诗三十七首，由王羲之醉笔走龙蛇，写就了一篇我国书法史上具有里程碑意义的书法经典之作——《兰亭集序》。当然，民间多将此活动简化为只饮酒不作诗。南北朝时期，除了“流觞曲水”外，还有吟诗应和，即文人墨客席上吟诗应和，迟者受罚。

唐朝时“饮酒必为令为佐欢”，当时较盛行的酒令为“藏钩”“射覆”等。“藏钩”也称“送钩”，是一种猜有无的酒令，即甲方将“钩”或藏于手中或藏于手外，握成拳状让乙方猜度，猜错罚酒。“射覆”的射是猜或度量之意，行令时先分队，又称“分曹”，一方暗暗置物于器皿下由另一方猜。唐代诗人李商隐就精于此道，他的诗中有云“隔座送钩春酒暖，分曹射覆蜡灯红”。

宋代不但沿袭了酒令习俗，而且还丰富发展了酒令文化。单是记载介绍各种酒令的书就有《酒令丛钞》《酒杜刍言》《醉乡律令》《嘉宾心令》《小酒令》《安雅堂酒令》《西厢酒令》《饮中八仙令》等。

明清时期，酒令的方式和内容越来越多样化，遂成为酒文化中极富情趣的一种文化现象。清代的《红楼梦》《聊斋志异》《镜花缘》三部古典文学名著中，保留了不少关于酒令的记载。明清两朝流行的酒令当推“柠酒令儿”，即不倒翁，先拧着它旋转，一待停下后，不倒翁的脸朝着谁就罚谁饮酒，粤人又称其为“酒令公仔”。又如四书令，是以《大学》《中庸》《论语》《孟子》四书的句子组合而成的一种酒令，在明清两代的文人宴上，四书令大行其时，用以检测文人的学识与机敏程度。

（2）酒令的分类

酒令，按形式可分为雅令、通令和筹令。

雅令，是指文人的酒令，这类酒令按内容可分为字令、诗令、词令和花鸟虫令等。先推一人为令官，或出诗句，或出对子，其他人按首令之意续令，所续之令必须在内容与形式上与首令相符，负者、令者、不能完成者则被罚饮酒。行雅令时，必须引经据典，分韵联吟，当席构思，即席应对，这就要求行酒令者既有文采和才华，又要敏捷和机智，所以它是酒令中最能展示饮者才思的项目。

通令，是更大众化的酒令，如投骰子、划酒拳、击鼓传花、猜数等。通令很容易营造酒宴中的热闹气氛，因此较流行。但通令掳拳奋臂，有失风度，略显粗俗喧闹。

筹令，是一种雅俗共赏的酒令，因是从筒中掣筹行令，故名。筹子用竹或木片制作，上刻饮法，如红楼梦一书中写有众人抽花名签饮酒庆生。

雅令、通令和筹令，可以分别进行，也可以结合在一起进行，且酒令实无定制，当筵者可以依据座中情况加以发挥。酒令还可以根据表现形式分为流觞传花类、骰子类、手势类、猜枚类、筹类、谜语类等。总之，酒令的目的也不是用来罚酒的，而主要是用来活跃气氛的。因此，饮酒行令既是古人好客传统的表现，又是饮酒艺术与聪明才智的结晶。

第三节　西方酒文化

一、葡萄酒

葡萄酒是以新鲜成熟的葡萄或葡萄汁经酵母发酵酿制而成的酿造原酒，它是果类酿造酒的代表品种，在西餐中非常流行，可单独饮用，也可用于腌制肉类原料或在烹饪过程中使用。

1. 葡萄酒的分类

葡萄酒有许多分类方式。以成品颜色来说，可分为红葡萄酒（呈紫红色、深红色、宝石色）、白葡萄酒（呈白色或浅黄色）及粉红葡萄酒（呈白色或浅黄色）三类。其中红葡萄酒又可细分为干红葡萄酒、半干红葡萄酒、半甜红葡萄酒和甜红葡萄酒。白葡萄酒则细分为干白葡萄酒、半干白葡萄酒、半甜白葡萄酒和甜白葡萄酒。以酿造方式来说，可以分为葡萄酒、气泡葡萄酒、加烈葡萄酒和加味葡萄酒四类。其中一般葡萄酒的酒精含量为8%~15%，而加烈葡萄酒的酒精含量可能会更高。

许多西方国家都有著名的葡萄酒产品。法国是世界上最大的葡萄酒生产国，年产量占世界葡萄酒产量的25%，且品质卓越，是公认的第一葡萄酒王国。德国的葡萄酒主要产于莱茵河和摩泽尔河两岸，其中80%为白葡萄酒，且以干型为主。与法国勃艮第的葡萄酒相比，德国的葡萄酒甜味稍重，酸味稍强，带有苹果似的清香，口感新鲜清爽，酒精浓度较低。意大利属地中海型的干燥气候，适合葡萄生长，也使得意大利成为世界上第二大葡萄酒生产国。欧洲国家生产的葡萄酒，通称为旧世界葡萄酒，其他区域生产的葡萄酒，则称为新世界葡萄酒。新世界葡萄酒产区有美国、澳大利亚、新西兰、智利、阿根廷以及南非。

葡萄酒家族中还有较为特殊的家族成员，如香槟酒、冰酒、贵腐酒等。

（1）香槟酒（Champagne），专指产于法国香槟区，选用指定的葡萄品种（大部分香槟酒只选用夏多内、黑皮诺、莫尼耶皮诺进行调配，虽然法律规定的不仅以上三种），根据指定的二次发酵生产流程所酿造的气泡酒。

（2）冰酒（Icewine），是加拿大、德国、奥地利特产的葡萄酒，多在德国及加拿大等纬度较高的寒冷地区酿制，葡萄成熟后于藤蔓上自然冰冻后采摘（采摘须在每年 11 月 15 日之后，并于采摘日的上午 10 点前完成采摘）、分选、低温压榨成汁，这些过程要求温度不能超过-8℃，葡萄汁再经过澄清过滤、控温发酵，再陈酿、冷冻、过滤除菌、灌装而成。

（3）贵腐酒，源自匈牙利，利用过分成熟而在树上干萎的葡萄酿制，被认为是顶级的甜白葡萄酒。一般而言随着时日增长，贵腐甜酒会由金黄色变成琥珀色或橘红色。这类葡萄在过分成熟时有机会感染真菌（俗称贵腐霉），真菌菌丝会穿透葡萄皮，吸取葡萄内部的水分和糖分，这样葡萄皮上就相当于布满了一个个的小气孔，有利于水分的蒸发渗出，提高了葡萄的甜度和香气。产区多在法国波尔多苏玳、德国莱茵高及匈牙利托卡伊，这些地区早上阴冷水汽充足，下午干燥炎热，

2. 影响葡萄酒品质的因素

影响葡萄酒品质的首要因素就是葡萄的品种。酿制红葡萄酒的葡萄品种主要有赤霞珠（Cabernet Sauvignon）、梅洛葡萄（Merlot）、西拉葡萄（Shiraz，法国称 Syrah）、黑皮诺（Pinot Noir）、马尔贝克（Malbec）、山吉欧维榭（Sangiovese）、田帕尼优（Tempranillo）、格那希（Grenache）、内比奥罗（Nebbiolo）、金芬黛（Zinfandel）、加美（Gamay）。酿制白葡萄酒的葡萄品种主要有夏多内（Chardonnay）、雷司令（Riesling）、琼瑶浆（Gewurztraminer）、蜜思卡岱（Muscadet，别称为勃艮第香瓜）、白苏维侬（Sauvignon Blanc）、榭密雍（Semillon）、麝香葡萄（Muscat）、格乌塔明那（Gewurztranuber）、维欧尼尔（Viognier）、灰皮诺（Pinot Gris）。

除了葡萄品种会影响葡萄酒的味道和特性外，年份的不同、气候的好坏、阳光日照数的多少、土壤的差异、种植的方式、葡萄株的年龄、采收的成熟度、采收方式和酿造方法都会影响到葡萄酒的寿命、特性及口感。在这些条件中，种植方法、葡萄株的年龄及采收、酿造的方式均可用人为的方式来改变。只有年份、气候及土壤是人力所难以改变的。

无论是哪种葡萄品种，年份越好的葡萄酒，酒的寿命也就越长，特性也越强烈。一瓶上好年份的、耐久存的好酒，是需要长时间耐心的等待让酒成熟，而使得酒香达到巅峰，所以不能太早饮用。但好年份不一定就能大量生产，相反年份较弱时通常酒可较早成熟，且价格也较合理（便宜）。年份的好坏，最大差别在于其日照数、降雨量及平均温度。其中影响最大应属日照。葡萄的生长季节及成熟时期均需阳光的照射，以保证葡萄成熟到糖分与酸度的最佳均衡。足够的阳光照射可保证红葡萄酒中单宁的质感，而白葡萄酒因需要足够的酸度来支撑质感和活泼性，反而不需要太多日照，所以白酒的好年份比红酒的

好年份多。

3. 食物的搭配

葡萄酒在西方世界广受欢迎，作为饮料与食物搭配时十分讲究，但没有固定章法。所谓食物和葡萄酒的搭配是根据酒和食物的特性（例如口感和味道），寻求两者间和谐的元素，以求搭配起来可以增加两者的风味，甚至创造出新的风味和体验。英国酒商间流传这样一句话“带着苹果买，带着奶酪卖”。意思是，如果一瓶酒和苹果一起吃仍能感觉味道不错，那一定是瓶百搭的好酒；而卖酒的时候，要让顾客同时吃一点奶酪，那可以让所有的葡萄酒尝起来都更好。这条原则道出了水果和奶酪的特性，高酸甜度的水果（例如青苹果）把葡萄酒对比得很淡，反而凸显了金属味。反之，硬奶酪可以软化单宁，让酒的味道更浓郁，凸显果香。

如今，在高档餐馆里，通常会有侍酒师专门为客人推荐佐餐酒，或者在一些由多道菜组成的正餐中，餐厅会事先为每一道菜推荐相称的葡萄酒。这种服务方式可以追溯到 20 世纪 80 年代的美国，新禁酒运动使人们相信为了摄取酒精而饮酒是粗鄙的，这促使酒商把葡萄酒作为饮食文化的一部分进行推销。酿酒师开始强调酒会让特定菜肴更美味，甚至把搭配建议印在酒瓶商标上。美食杂志在介绍食谱时也会附上相应的葡萄酒。现在葡萄酒搭配的专家多侧重于食物的客观物理性质，探究食物对味觉产生的影响及其对葡萄酒某个方面的修饰效果。当然，大部分人的选酒原则仍然是本能、心情和此时对某种酒单纯的向往。

酒和食物的搭配首先要遵循浓淡相宜原则，即保持酒和食物的口味轻重感要一致。例如，清蒸鱼是比较清淡的菜，应该配白葡萄酒；但如果蒸鱼上浇了浓厚的奶油白汁，则最好用口感浓的白葡萄酒或比较淡的红葡萄酒来平衡。其次，应再考虑搭配食物的味道和口感，这种搭配主要是遵循“补充”或“对比”的原则。如微酸而活泼的气泡酒与口感丰富的鹅肝共食，是一种对比的搭配。而带点泥土味的勃艮第黑比诺可以搭配同样有土地气息的蘑菇类菜肴，是一种补充的搭配。

干红葡萄酒酒香浓郁、酒体丰满，由于它含有一定的酚类物质，干浸出物较高，因此配以红烧肉、牛排、鸡、鸭等肉类菜肴会得到更好的享受。干红葡萄酒一方面可以解除肉的油腻感，使菜肴的滋味更加浓厚，另一方面其宝石红的颜色，更增加了聚会的气氛。尽管新鲜的大马哈鱼、剑鱼或金枪鱼富含天然油脂，能够与体量轻盈的红葡萄酒搭配良好，但红葡萄酒与大多数海鲜类食物搭配时，其单宁成分都会严重破坏海鲜的口味，葡萄酒自身也会带上令人讨厌的金属味。另外，食物中的醋会钝化口腔的感受，使葡萄酒失去活力，口味变得呆滞平淡。辛辣或浓香的食品应搭配辛香型或果香特别浓郁的葡萄酒，如贵腐酒可与鹅肝、蓝干酪、少数种类的坚果、川菜、湘菜和泰国菜搭配。

二、啤酒

啤酒是利用酵母水解原料中的淀粉发酵制成的酒精饮料。啤酒酿造工业已是一个全球性的工业项目，从私人酒坊到跨国企业，无数大小规模的酿酒机构遍布全球。

1. 啤酒的历史

啤酒是世界上历史最悠久，普及范围最广的酒精饮料之一。啤酒的制作历史可追溯到公元前3100~3500年新石器时代的美索不达米亚，当地人以“宁卡西”为啤酒女神，并在《给女神宁卡西的圣歌》中记载了啤酒和啤酒的酿造技术。约公元前1772年古巴比伦颁布的世界上最早的一部比较具有系统的法典《汉谟拉比法典》中也有提及啤酒及酒吧的法律。

啤酒约在公元前3000年传入欧洲，早期的欧洲啤酒在酿造中尝试加入了包括水果、蜂蜜、各种植物、香料及其他的物质，但直到822年左右才由德国威斯特法利亚的科威修道院酒厂发现了啤酒花在啤酒酿造中的妙用。13世纪至16世纪，啤酒花成为啤酒的主要调味剂，此时也还会添加连钱草等植物进行调味。啤酒花赋予啤酒苦味的同时还平衡了麦芽中的甜味，同时也会给啤酒带来花香、柑橘香、药草香等其他风味。同时，啤酒花具有抗菌作用且有助于维持酵母的活性，并有助于延长啤酒的泡沫持续时间，啤酒花中的酸还是一种保护剂。

工业革命开始后，啤酒生产终于由家庭作坊式转为工业化，并且从19世纪开始占据了主导地位。如今，啤酒酿造工业遍布全球，其中包括许多大型的跨国啤酒公司和不计其数的小型酒吧或酿造厂。在2006年，全球啤酒产量超过1.33亿吨，全球啤酒的销售收入可达约2945亿美元。芬兰、丹麦、澳大利亚、德国和爱尔兰无论以啤酒单位销售量还是人均消费计算，都是世界上最高的国家，这五个国家也拥有众多世界级的啤酒品牌，是当今世界的五大啤酒国。

2. 啤酒的种类

世界各地的啤酒品种众多，酿造中最常见的原料是小麦与大麦（也有用玉米、高粱或稻米），并通过添加啤酒花起到增加啤酒风味和稳定产品质量的作用。从制作方法上看，目前市场上主要有窖藏啤酒（Lager）和爱尔啤酒（Ale）两类。

窖藏啤酒，也被称为拉格啤酒，指的是那些采用较低的温度和下层发酵的酵母菌发酵而成啤酒，发酵后需要低温保存数月方可以饮用。窖藏啤酒最早产于捷克的比尔森市（Pilsen），所以也被称为比尔森啤酒（Pilsener）。这类方法的最大优点是啤酒不易变质。

爱尔啤酒，又译为麦酒、麦芽酒，为一种上层发酵啤酒（发酵过程酵母会移动至液面），发酵温度较拉格啤酒高，发酵时间较拉格啤酒短，可于2~3天完成。艾尔啤酒常带有更加浓烈的口感，酒体饱满，可以形成很好的果仁味道和水果味道。如果大麦处理得好，也可以产生巧克力和蜂蜜香味。1840年以前，全世界的啤酒几乎都是爱尔啤酒，而现代市场上则以窖藏啤酒占有率最高。

常见的艾尔啤酒有：淡色艾尔（Pale Ale），或称哌艾，使用淡色麦芽为主要原料，但实际颜色可从淡色到黑色都有，通常具有很浓厚的啤酒花香以及中度到低度的麦芽汁浓度，包括苦啤酒（Bitter）、塞松（Saison）、印度淡色艾尔（Indian Pale Ale）等；棕色艾尔（Brown Ale），或称棕艾，颜色可从古铜色至深棕色，常见于英格兰，有果仁棕艾和蜂蜜棕艾两种；波特（Porter），是一种深色的艾尔，颜色由深棕色至黑色；司陶特啤酒（Stout），是由波特演变而来的更加深黑的艾尔，酒体颜色来自烘焙后的焦黑大麦芽，如健力士；小麦酵母啤酒（Hefeweizen或Weissbier），源于德国南部，在大麦芽基础上添加小麦芽，饮用前不过滤或部分过滤，气泡量高且酵母味浓，有一定酸味，如宝莱纳。

三、烈性酒

烈酒（Liquor或Spirit），是一种酒精浓度高的酒类饮料。酿造酒的酒精浓度通常低于20%，要获得更高浓度的酒，需要经过蒸馏过程。一般来说，烈酒是蒸馏酒的同义词。

世界著名的蒸馏酒有英国以大麦蒸馏的威士忌（Whiskey）、法国以葡萄蒸馏的白兰地（Brandy）、俄罗斯及东欧以谷物蒸馏的伏特加（Vodka）、加勒比地区以蔗糖糖蜜蒸馏的朗姆酒（Rum）、荷兰以杜松子调味的琴酒（Gin）和墨西哥以龙舌兰糖浆蒸馏的龙舌兰酒（Tequila），并称世界六大鸡尾酒基酒。

1. 威士忌

威士忌是所有以谷物为原料制造出来的蒸馏酒的通称。传统观念中的威士忌是以大麦为原料，并在橡木桶中陈酿一定时间之后才可装瓶出售。

世界上许多国家和地区都有生产威士忌的酒厂，但最著名且具有代表性的威士忌则是苏格兰威士忌、爱尔兰威士忌、美国威士忌和加拿大威士忌。苏格兰威士忌原产苏格兰，用经过干燥、泥炭熏焙产生独特香味的大麦芽作酿造原料制成，以15~20年窖藏为最优，色泽棕黄带红，清澈透亮，气味焦香，带有浓烈的烟味。美国威士忌，原产美国南部，用加入了麦类的玉米作酿造原料，经发酵、蒸馏后放入内侧熏焦的橡木酒桶中陈酿4~8年。爱尔兰威士忌，原产爱尔兰，用小麦、大麦、黑麦等麦芽做原料酿造而成，经过三次蒸馏，然后入桶陈酿8~15年。加拿大威士忌，主要由黑麦、玉米和大麦混合酿制，采用二次蒸馏和木桶陈酿。

2. 白兰地

白兰地是以葡萄酒加以蒸馏浓缩制成的酒。一升白兰地大约需要八升葡萄酒浓缩，蒸馏出的酒是近乎无色的，但在橡木桶中储藏后，橡木的色素溶入酒中，形成褐色。年代越久，颜色越深。广义而言，只要是以果酒为基底，加以蒸馏制成的酒都可以称为白兰地，不过在名称前面加上相应的水果名称，例如“苹果白兰地”“樱桃白兰地”“草莓白兰地”及“欧李白兰地”等。

目前世界最好的白兰地产地是法国夏朗德省的干邑周围地区和热尔省的亚文邑地区，世界著名白兰地品牌有豪达、轩尼诗、卡慕、马爹利、御鹿、人头马、路易老爷、拿破仑干邑、百事吉。

3. 伏特加

伏特加，是由水和经蒸馏净化的乙醇所合成的透明液体，通常会采用多重蒸馏工艺，酒精含量由35%~50%不等。欧盟所定标准为酒精含量不低于37.5%的酒才可称为伏特加。蒸馏过程中，除水和乙醇外也会加入马铃薯、菜糖浆及黑麦或小麦，如果是制作有味道的伏特加更会加入适量的调味料。

虽然伏特加在东欧和北欧国家的传统上是以净饮的方式品尝，但近年来更多人喜欢将伏特加搭配上其他饮料或以鸡尾酒来饮用，例如，血腥玛莉、螺丝起子、伏特加汤力、伏特加马天尼及红牛伏特加等。

4. 朗姆酒

朗姆酒，又译作兰姆酒或蓝姆酒，是用蔗糖酿造的蒸馏酒，酒精含量42%~50%。16世纪时，西印度群岛盛产甘蔗，当时用加热甘蔗汁以蒸发水分使蔗糖结晶出来的方法提炼蔗糖，这种方法到最后总有一些高糖含量的残液无法继续加热，早期这些残余的糖稀或糖蜜只能用作焦糖，后来新英格兰的殖民者用其酿酒，就有了朗姆酒。

早期朗姆酒利用廉价的原料，酿出即卖，没有储存期，因此辛辣刺喉，很受生活在艰苦环境的水手和海盗的青睐，有的船长甚至用朗姆酒为水手发工资，朗姆酒迅速在大西洋水手和加勒比海海盗中风行开来。现在朗姆酒发酵、蒸馏后，还需在橡木桶中陈酿3年以上，口味也更绵软适口，具有焦糖香味，是配制鸡尾酒必不可少的原料。

根据原料不同和酿制方法不同，朗姆酒可分为朗姆白酒、朗姆老酒、淡朗姆酒、朗姆常酒、强香朗姆酒。酒液也有琥珀色、棕色和无色的。根据风味特征，还可将朗姆酒分为浓香型和清香型。

5. 金酒

金酒，或译为琴酒，也被称为杜松子酒，是一种以谷物为原料经发酵与蒸馏制造出的中性烈酒基底，增添以杜松子为主的多种药材与香料调味制得的蒸馏酒。金酒源自荷兰，最早作为药用，因为主要成分杜松子一直被当作利尿、解热与治疗痛风的药材使用。

金酒酒液无色透明，气味奇异清香，口感醇美爽适，既可单饮，也可与其他酒混合配制或作鸡尾酒的基酒。金酒按口味可分为辣味金酒、老汤姆金酒和果味金酒。

6. 龙舌兰酒

龙舌兰酒，又可音译为特其拉酒，产于墨西哥。酿酒的原料是一种墨西哥原生的形似仙人掌的特殊植物“龙舌兰”，且必须采用龙舌兰众多分支中品质最优良的蓝色龙舌兰作为原料，以其含有甘甜汁液的茎块熬煮后发酵，再经两次蒸馏制得的含酒精饮品。在墨西哥本土，龙舌兰酒是所有酒类之中受到法规限制最严格的一种产品，而世界上大部分的市场（例如欧盟）也普遍遵循墨西哥的相关法令规范来制订这种酒类的界定基准。

龙舌兰酒的生产中心是墨西哥哈利斯科州境内瓜达拉哈拉和特皮克之间的小城镇特基拉，而传说中这种酒最早的原产地就是该镇郊外同名的火山口周围边坡。2006 年，龙舌兰酒的产区被联合国教科文组织列入世界文化遗产名单中。

四、酒文化旅游

餐饮一直是旅游的重要组成部分，近年来又产生了一种专门以“美食/美酒”作为吸引物的旅游形式，被称为美食旅游，或饮食文化旅游。这类旅游的特色是指饮食文化与旅游活动相结合，以了解饮食文化和品尝美食为主要活动内容，属于发展、享受层次的旅游形式。这类旅游项目仍处于新兴创建阶段，需要丰富而浓厚的饮食文化内容，且整个过程更注重生态学和经济学方面的效益。目前较知名的项目有米其林餐厅美食之旅、酒庄游、酒吧游、酒厂游、啤酒节、美食节等。由于人们对“美”的理解和认识千差万别，故“食”在内容和形式上都呈现出缤纷的色彩，但美食旅游是饮食文化旅游发展的必然趋势和结果。

1. 慕尼黑啤酒节

慕尼黑啤酒节，又称“十月节”，是与英国伦敦啤酒节、美国丹佛啤酒节并称世界最具盛名的三大啤酒节。慕尼黑啤酒节每年九月末到十月初在德国慕尼黑举行，持续约 16 天，是慕尼黑一年中最盛大的活动。因在这个节日期间主要的饮料是啤酒，所以人们习惯性地称其为啤酒节，并逐渐成为世界知名的嘉年华活动。

啤酒节最初起源于 1810 年为庆祝巴伐利亚的王储路德维希王子的婚礼所举办的为期两天的庆祝活动，当时为表示国王对其臣民的恩典，活动中在慕尼黑有

4个地方向全体平民免费供应饭菜和饮料。王国的骑兵卫队还在慕尼黑西南的一个大草坪上举行赛马活动和射击比赛，以示助兴。由于庆典给人们留下了深刻的印象，所以人们建议1811年再搞一次全民性的活动，并保留了这一传统。从1810~2015年为止，慕尼黑啤酒节有182年的历史。期间因第一次世界大战停办5年，第二次世界大战停办7年。自1946年以来节日规模越办越大，从而真正成了一个盛大的民间节日。

每逢十月节开幕那天，要举行盛大的开幕式和由各大啤酒厂组织的五彩缤纷的游行。开幕式由慕尼黑市市长主持，通常在中午12时，在12响礼炮声和音乐声中，市长用一柄木槌把黄铜龙头敲进一个大啤酒桶内，然后拧开龙头，把啤酒放出来，盛在特制的大啤酒杯中。市长饮下第一杯，著名的十月节便正式开始了。

活动期间，会有盛装巡游，来自全德国各个州的人们穿上富有特色的民族服装，驾着鲜花装扮的古典马车，演奏音乐，浩浩荡荡地穿过慕尼黑的市中心，最后来到啤酒节现场。活动现场搭建起无数个可容纳三千人到一万人的大帐篷，只有慕尼黑当地的酒商才被允许在里边提供酒水。其中还有一款为啤酒节活动专门酿制的叫作"Wiesenbier"的啤酒，比一般的啤酒颜色更深，酒劲儿也更大。提供的食物也以德国当地家常小吃为主，如香肠、烤小鸡、泡菜和烤牛尾等。目前，从世界各地赶往参加慕尼黑啤酒节的人数每年维持在600万左右，每届啤酒节要消费约600万升啤酒、50万只鸡、100头牛，同时为慕尼黑带来约8.3亿欧元的收入。其中很多游客都来自外国，意大利、美国、日本和澳大利亚游客都穿上传统的皮裤和紧身连衣裙盛装加入游行队伍中。

2. 酒庄游

酒庄一词来源于法国波尔多，原意是城堡，是一个将从葡萄栽培到葡萄酒的酿造、灌装、储存、品鉴、销售等过程集中在一处完成的场所。近年来悄然而生的酒庄游，仍属于高端文化旅游，其受众主要是葡萄酒爱好者和寻求深层次休闲文化游的人群。

酒庄游的首选通常是法国，因为法国在葡萄酒的历史、品质和市场占有率上都具有举足轻重的地位。世界上最知名的五大酒庄是法国五个红葡萄酒庄园：拉菲酒庄、玛歌酒庄、拉度酒庄、侯贝酒庄、木桐酒庄。此排名是在1855年由拿破仑三世所制定的标准，其中只有木桐酒庄是1973年由时任法国农业部部长的希拉克升级为一级酒庄（Premier Cru）的。

酒庄游通常包括参与葡萄采摘、了解酿酒过程、学习葡萄酒品鉴、参观酒庄、入住酒堡等环节，其中最重要的内容就是葡萄酒的品尝。这些葡萄酒的品尝通常会包含多款不同品质和类型的葡萄酒精品，酒庄主人会为品酒人介绍酒的特点，并准备好适宜搭配的食物。有时，这样的品鉴活动会持续多日，以保证每款酒品鉴的质量。所以，这种酒庄游往往在精不在多，人们在一个农舍般的酒庄里住上一周，与酒庄的主人一同日出而作、日落而息，融入酒庄生活。除了法国，在意大利、美国也有类似的酒文化旅游项目。

目前，国内的酒庄游也正借势待发，继张裕酒文化博物馆的成功运营后，张裕在北京建起了爱菲酒堡，王朝在天津建起了御苑酒堡，河北也有朗格斯酒庄、耿氏私人酒堡，山西有怡园酒庄，云南有红酒庄，国内酒庄旅游的新生力量不容小觑。但与欧美国家的酒庄、酒堡、葡萄酒园融为一体的境况相比，国内的大型酒堡往往和其种植地、生产地分离，即使身临酒堡也很难体会到原汁原味的葡萄酒文化。

3. 酒吧游

酒吧是指提供啤酒、葡萄酒、洋酒、鸡尾酒等酒精类饮料的消费场所，有些提供现场的乐队、花式调酒等表演。酒吧最初源于美国西部大开发时期的美洲大陆，类型和风格多样。

目前几乎每个旅游业发达的城市，都会有城市特色酒吧游，因为酒吧文化体现的往往是城市的多元化气息和经济繁荣的体现，有时还是城市历史变迁的见证。游人在喝酒谈笑间，得以更贴近当地民生，了解当地风俗。国内著名的酒吧街有香港的兰桂坊，北京的三里屯和后海。

第四节 咖啡文化

咖啡（Coffee）是采用经过烘焙过程的咖啡豆（咖啡属植物的种子）所制作冲泡出来的饮料。咖啡是人类社会流行范围最为广泛的饮料之一，也是重要经济作物，是许多国家的顶级农业出口商品。绿色咖啡豆（未经烘焙的）尤其是许多发展中国家出口的最有价值的商品之一，其全球期货贸易额度仅次于石油。目前排在咖啡生产量前三位的国家依序为巴西、越南和哥伦比亚。

咖啡文化多被认为是与咖啡有关的社会气氛，尤其是由此文化带来的消费刺激。咖啡馆是传统的社交场所，现代咖啡馆中提供咖啡的同时也提供可口的蛋糕点心，以及三明治等简餐，同时咖啡馆也是艺术与知性的集散地，许多知名作家都有在咖啡馆写作的习惯。早期咖啡文化主要体现为慢步调的餐点服务、雅致的环境和社交途径，现代咖啡文化也出现了快步调的服务，如美国的咖啡连锁店星巴克（Starbucks Corporation）、英国的咖啡连锁店咖世家（Costa Coffee）。所以现代的咖啡文化有时也指西雅图都会区数以百计的意式咖啡摊贩与咖啡厅的普遍存在，星巴克等企业经销权的蔓延，以及其横跨美国与世界各地的翻版。

一、咖啡的历史

咖啡的种植首次发现于非洲埃塞俄比亚的哈勒尔，直到11世纪左右，人们才开始用水煮咖啡作为饮料。13世纪埃塞俄比亚军队入侵也门，将咖啡带到了阿拉伯世界。但因为伊斯兰教教义禁止教徒饮酒，有的宗教界人士认为这种饮料刺激神经违反教义，曾一度禁止并关闭咖啡店，但埃及苏丹认为咖啡不违反教义，因而解禁。15世纪以前，咖啡长期被阿拉伯世界所垄断，仅在伊斯兰教国家间流传。当时主要被使用在医学和宗教上，伊斯兰教医生和僧侣们承认咖啡具有提神、醒脑、健胃、强身、止血等功效。15世纪初，开始有文献记载咖啡的使用方式，并且在此时期融入宗教仪式中，同时也出现在民间作为日常饮品。

咖啡Coffee这个词，就是来源于阿拉伯语Qahwa，意思是“植物饮料”，后来传到土耳其，成为欧洲语言中这个词的来源。咖啡的种植和制作的方法也被阿拉伯人不断地改进而逐渐完善。

到16、17世纪，透过威尼斯商人和海上霸权荷兰人的买卖，咖啡辗转传入欧洲，并受到贵族阶级的喜爱，咖啡的价格也随着水涨船高，甚至产生了“黑色金子”的称号。在大航海时代借由海运的传播，咖啡终于在全世界流传开来。1690年，一位荷兰船长航行到也门，得到几棵咖啡苗，开始在荷属东印度（现在的印度尼西亚）种植成功。1727年荷属圭亚那的一位外交官的妻子，将几粒咖啡种子送给一位驻巴西的西班牙人，结果巴西的气候非常适宜咖啡生长，从此咖啡在南美洲迅速蔓延。因大量生产而价格下降的咖啡开始成为欧洲人的重要饮料。

中国最早的咖啡种植则始于云南，约在20世纪初，由法国传教士将第一批咖啡苗带到云南的宾川县。此外，咖啡作为舶来品在上海开埠后在上海租界也开始兴起。到20世纪20~40年代上海的南京路、霞飞路、北四川路、亚尔培路等曾拥有大量各具特色的咖啡馆。之后从90年代末开始咖啡文化在中国大陆地区重新兴起，其饮品，且饮用咖啡的处所也多元化及各具特色，包括餐厅、咖啡馆、点心、蛋糕烘焙店等。香港引入咖啡的时间是否较早需要考证。

二、咖啡树和咖啡豆

1. 咖啡树

咖啡树原产于非洲亚热带地区，以及亚洲南部的一些岛屿，属于常绿灌木或乔木，咖啡是咖啡树的果实。现在咖啡树的种植已超过70个国家，主要在美洲、东南亚、印度等赤道地区。

几乎所有的咖啡树均生长在赤道两侧和南北回归线之间广大的热带地区，根据品种和变种不同，这些咖啡树在外观上也有很大的不同，植物的颜色从浅绿色到深绿色甚至是青铜色之间，而且明亮的叶子呈波浪状。有些咖啡树到现在还是灌木丛的高度，如果不是为了方便收获而被修剪的话，也有些能长到像塔一样高达18米的。咖啡树所开的花呈串状，有淡淡的茉莉花香，果实似樱桃，因此被称作“咖啡樱桃”。每一颗咖啡果实内含两颗种子，即咖啡豆，有内外果皮包裹。生产1磅烘焙过的咖啡大约需要4000颗咖啡豆。

咖啡植株的分类很复杂，有许多变种和品系，主要有阿拉比卡咖啡、卡尼福拉咖啡、利比里亚咖啡、带维沃瑞咖啡或伊克赛尔撒咖啡。除此之外，人们还努力开发出杂交的咖啡树，虽然新品种会使咖啡树的产量增加，更具抵抗力和树龄增长，但杂交后的味道总不如以前的味道好。其中最具代表性并且最具商业实用性的两种是阿拉比卡咖啡和卡尼福拉咖啡，两种咖啡均有大量变种。

2. 咖啡豆的加工

咖啡豆的加工一般需经过采收、后处理（日晒法、水洗法、蜜处理、半日晒、半水洗）、烘焙三个步骤。咖啡生豆经过烘焙，可以释放出咖啡特殊的香味、酸味、甘甜和苦味。咖啡豆从生豆、浅焙、中焙到深焙，水分一次次释放，重量减轻，体积却慢慢膨胀，颜色逐渐加深，质地也变得爽脆，芬芳的油质（醋酸、柠檬酸、苹果酸等）逐渐释放出来。

浅焙的咖啡豆颜色为肉桂色，口味上为酸性主导，适合花果调性的咖啡或是日晒豆，主要风味有柠檬、柑橘、百合花、香水月季、苹果、蓝莓、草莓。中焙的咖啡豆呈现褐色，既保存了咖啡豆的原味，又可适度释放芳香，因此蓝山、哥伦比亚、巴西等单品咖啡多选择这种烘焙方法。主要风味有榛果、焦糖、杏桃、烤花生、烤吐司。深焙的咖啡豆颜色最深，风味也更甘甜香醇，缺点是会牺牲掉香酸以及不耐焙的香气，主要风味有树木油脂、烟熏味、烟味、可可、丁香。深焙所得咖啡豆喝起来苦尽回甘，余味无穷，所以深焙的方法最适合制作强劲的意大利超浓咖啡，因而又被称为意式烘焙法。近年来又出现了一种为改善单次烘焙时所产生的中心胚芽碳化的新方法，即双次烘焙。经双次烘焙所得咖啡入口更滑顺、甘甜不涩、不酸、苦味骤降，也增添了咖啡豆原有浓厚的果香原味，但因两次烘焙间损失了大量的咖啡芳香物质，大多数精品咖啡馆并不青睐此法。

3. 咖啡的种类

市面上常见的咖啡有：备受推崇的阿拉比卡（Arabica），颗粒较粗和酸味较低而苦味较浓的罗布斯塔（Robusta）以及利比里亚（Liberica）。其中阿拉比卡主要用于一般饮用，而罗布斯塔主要用于即溶咖啡。

阿拉比卡（Arabica）是最古老的咖啡树种，是高处生长品种，通常种植在山区、高原或火山的斜坡上，最适宜的生长高度在海拔 1000~2000 米，降水量在 150~200 厘米，且昼暖夜凉，年平均气温在 15~24 ℃。阿拉比卡咖啡树在雨季后开花，开花后到咖啡樱桃成熟需要 9 个月。一棵典型的阿拉比卡咖啡树一年所产果实不到 5 千克，这些果实能加工成至少 1 千克的干咖啡豆。世界上大部分的阿拉比卡咖啡是用“水洗法”或叫作湿加工法来收获的，这样的咖啡豆一般来说比罗布斯塔咖啡豆更大、更长、更扁，而且含的咖啡因更少，可以有更清淡可口的酸味。

阿拉比卡咖啡大约占世界上咖啡的 70%，但因其难种植，对疾病、虫害和霜冻的抵抗力较弱，因此价格更为昂贵。在阿拉比卡的众多变种中最特别的而且最有名就是帝比卡（Typica）和波旁（Bourbon），从这两种咖啡变种中又衍生出许多别的品种，如提扣（Tico）、肯特（Kent）、摩卡（Mokka）、蓝山（Blue mountain）。

三、咖啡的饮用

1. 咖啡冲煮方法

冲煮咖啡之前，首先需要磨制咖啡豆。通常咖啡豆的磨制方式也要和后续的烹制方法相匹配，这是能从咖啡豆中提炼出最佳风味的关键一点。咖啡末与热水接触时间长的烹制方法需要粗一点的颗粒，相反如果咖啡末过细则长时间烹制出的咖啡味道会过苦、硬涩。因为粉末与空气的接触面积大，因此磨好的咖啡末容易被氧化，其中化学成分也会降解。所以，商店货架上出售的咖啡粉都是密封包装，而在一些讲究的咖啡馆则倾向于咖啡豆现磨现煮。

咖啡豆的磨制有三，即“研磨”“打磨”和“臼磨”。以研磨法产出的咖啡末比较均匀，烹制时出味也比较一致。研磨的速度越慢，摩擦产生的热量越少，咖啡的香气也越不易流失。打磨多依赖于现代机器，效率极高，但打磨中积聚热量，制成的咖啡碎末大小不均，难以提炼出优质的饮品。这类打磨机理论上只能用于滴漏式咖啡壶。臼磨则是最原始的咖啡研磨方式。

所有的咖啡都是由磨好的咖啡末和热水制出的，除了需要关注咖啡末的粗细程度与烹制方法外，还要注意选择烹制器具、咖啡豆种、咖啡豆烘焙程度相对应的水温。水温过低，咖啡豆中的风味不能充分提取出来；水温过高，萃取过度，口味恶化而常常偏苦。

根据水和咖啡末的接触方式，咖啡的烹制归类为六种：“浸泡法”“煎煮法”“循环法”“滴滤法”“虹吸法”“加压法”。因为，如果水只经过咖啡末一次，成品中将主要包含易溶物质（包括咖啡因），如果水循环多次经过咖啡末，咖啡豆中不易溶出的物质也会进入成品，导致味道偏苦。

浸泡法常使用法式压滤机（French press）实现，热水和咖啡末在一个高瘦的玻璃圆筒内泡上4~7分钟，然后由活塞滤器把咖啡末压到底部，上层的咖啡便可以倒出饮用。这种“完全浸入法”被很多专家认为是泡制咖啡的理想的家用方法。煎煮法是制作土耳其咖啡一个早期的方子，目前仍在中东、北非、东非、土耳其、希腊和巴尔干地区使用。超细的咖啡末加水在小口容器中煮开，一般加糖和豆蔻调味。循环法是以过滤循环式咖啡壶冲泡咖啡，使沸水可以数次循环的接触咖啡末，而表现出较香浓的咖啡味。滴滤法是将咖啡末置于可透水容器内，咖啡末下垫有滤纸以防止粉末滴入萃取好的咖啡液。虹吸法是利用压强差推动热水越过容器最高点而与上壶中的咖啡末接触，整个过程中下壶持续受热以维持蒸气压，等萃取结束后停止受热，当下壶蒸气还原为液态时，就会将上壶的咖啡液吸回下壶。压力法是一种利用巨大压力（8~9个大气压）使热水（80~96℃）短时（20~30秒）通过被压实的咖啡末饼。如浓缩咖啡即以此法冲制，口味中带有独特的香气和一抹浮在表层的油脂。

2. 咖啡饮料的种类

目前咖啡店供应的许多咖啡饮料都会搭配其他调味剂，如巧克力、酒、薄荷、丁香、柠檬汁、奶油、奶精等，以下是一些常见的咖啡种类。

黑咖啡（Black coffee）：直接用咖啡豆烧制的咖啡，不添加奶、糖等。速溶咖啡不属于黑咖啡的范畴。

白咖啡（White coffee）：马来西亚特产，起源于怡保镇，是指用黄油烘培的咖啡豆，冲煮后加入甜炼乳的饮品。从本质上是一种拿铁咖啡。在美国，白咖啡也指轻度烘焙的咖啡豆，使用意式冲煮，具有较强酸味的咖啡。

加味咖啡（Flavored-coffee）：依据各地口味的不同，在咖啡中加入巧克力、糖浆、果汁、肉桂、肉豆蔻、橘子花等不同调料。如拿铁咖啡，其名字来自意大利文 Caffè latte 的音译，又可被称为“欧蕾咖啡”，音译自法文 Cafe au lait，中文也称其为“咖啡牛奶”。拿铁咖啡由一份浓缩咖啡加上两份以上的热牛奶制得，也可依需求加上两份浓缩咖啡，称为“Double”。而法式拿铁咖啡要求咖啡和牛奶的比例为1∶1，且要求牛奶和咖啡应从两旁同时注入咖啡杯。

其他加味咖啡还有：玛琪雅朵咖啡，Macchiato 意大利文原意便是“被牛奶弄脏的咖啡”，它是在浓缩咖啡上放上适量蒸汽打发奶泡而得，其中不加鲜奶油、牛奶；康宝蓝·玛琪雅朵咖啡是在意大利浓缩咖啡中加入适量的鲜奶油，嫩白的鲜奶油轻轻漂浮在深沉的咖啡上，宛若一朵出淤泥而不染的白莲花；爱尔兰咖啡（Irish Coffee）是在咖啡中加入威士忌，顶部放上奶油；维也纳咖啡（Viennese）是在咖啡中加入鲜奶油，并撒上糖制的七彩米；卡布奇诺咖啡是意大利咖啡的一种变化，即在偏浓的咖啡上，倒入以蒸汽发泡的牛奶，此时咖啡的颜色就像卡布奇诺教会修士深褐色外衣上覆的头巾一样，咖啡因此得名；摩卡咖啡是加入巧克力调成的咖啡；美式咖啡（American Coffee / Americano）是浓缩咖啡加上大量热水，口味通常比普通的浓缩咖啡更柔和；冰咖啡（Frappé coffee）是咖啡加奶泡、糖和冰块，口感微甜凉爽，几乎没有咖啡的苦涩味道，是适合夏季消暑的饮料。

学习重点

1. 周代是中国酒文化发展的重要时期，此时酿酒行业已开始作为独立手工部门与农业相分离。西周初期以我国历史上的第一步法典《酒诰》开始了中国以法禁酒、以法制酒、设官治酒的酒文化，也标志着酒文化与制度文化开始结伴运行。在礼制文化的直接影响下，西周统治者还大力倡导酒礼，以明确尊卑等级区别，并避免过度饮酒。西周倡导的酒德、酒礼同以后的儒家伦理道德思想相融合，成为中国酒文化的一大特色。另外，以酒曲酿酒是中国古代的一项重要发明，对日本、韩国、越南等周边国家也都有巨大影响。

2. 饮用葡萄酒的顺序应遵循先喝清淡的酒，再喝浓郁的酒；先喝不甜的酒，再喝甜酒；先喝白酒，再喝红酒；先喝年轻的酒，再喝成熟的老酒。由淡转浓既是饮酒的规律，也是其他餐食搭配的规律。

3. 美食旅游是旅游的一种类型，是以“美食”作为吸引物的享受过程。旅游美食是在旅游过程中品尝到美味食品。饮食文化旅游重在“文化”，指饮食文化与旅游活动相结合，以了解饮食文化和品尝美食为主要内容，这是一种较高层次的旅游活动。旅游餐饮是指在旅游过程中的餐饮行为，而美食旅游是以美食为吸引物的旅游过程，这两个概念分别指不同类型的行为，但都在旅行途中发生，而且都与旅游者的饮食行为有关。

学习难点

葡萄酒的品种繁多，品质和口味也千差万别，要想完全掌握必须经过专门的训练和长期的积累。在此基础上进行酒与食物的搭配，则更是不易。以下是一些常见的葡萄酒与菜肴搭配，供大家参考。

生蚝、牡蛎（通常须加柠檬汁或醋）、各类生猛海鲜搭配干白葡萄酒；鱼子酱可搭配干白葡萄酒或起泡葡萄酒；熏鱼可搭配干白葡萄酒；腊肠搭配桃红葡萄酒；奶油汤或油腻的汤类可搭配半甜或甜白葡萄酒，其他汤类则最好不搭配葡萄酒；米饭、比萨饼和面条等根据配料的不同，可配白葡萄酒或红葡萄酒；煮鸡蛋搭配清爽的干白葡萄酒；鱼宜搭配白葡萄酒，但白葡萄酒的种类可根据鱼的做法和作料的不同而定，如奶油类作料烹饪的鱼与可用果香味浓的干白葡萄酒搭配，用红葡萄酒烹饪的鱼则应选用半干白葡萄酒或新鲜红葡萄酒，川味红汤鱼则应选用干红葡萄酒；烤牛肉、牛排、羊羔肉搭配干红葡萄酒；小牛肉、猪肉根据作料和烹饪方式不同，红、白葡萄酒都可作为良好搭档；鸡肉、火鸡肉根据烹饪方式选择干白葡萄酒或干红葡萄酒搭配；鸭和鹅肉根据不同情况选择干白、干红和桃红葡萄酒搭配；凉菜类通常情况搭配清爽型干红葡萄酒或桃红葡萄酒，如熟肉冷盘搭配桃红葡萄酒或清爽型红葡萄酒，凉拌蔬菜应选用干白葡萄酒，腊味、肥肠、鹅肝可选择搭配红葡萄酒、利口酒、甜型葡萄酒；结构感较好的桃红葡萄酒和柔顺的干红葡萄酒可普遍适宜于各类砂锅、火锅、涮羊肉、羊杂汤及多数煲类；一般情况下，干红葡萄酒是奶酪的最佳搭档，但对于味浓的奶酪也可选用甜红葡萄酒或利口酒；甜点，如冰激凌、巧克力和各类水果布丁等不宜搭配葡萄酒，可选择搭配甜型葡萄汽酒或起泡葡萄酒。

课后练习

1. 我国乃至世界首部茶叶专著是陆羽所著《________》。

2. 为了适合各地的习惯，可将茶叶分成不发酵的绿茶和白茶、半发酵的________类与全发酵的红茶类、后发酵的黑茶类。

3. 中国酿酒工艺不同于其他国家的是________工艺。

4. 西周初年为了节约粮食、积蓄国力，颁布了我国历史上第一部法典《________》。

5. 我国酿酒行业开始独立于手工部门，与农业分离，始于________。

6. 酒的风格包括四个方面：色、香、________、体。

7. 在酒筹上铭刻经书或诗、词、曲、文人典故等，并配有各种不同的劝酒、罚酒、饮酒方式的酒令统称为________。

8. 按照西餐的餐饮搭配，可以把酒分为餐前酒、________、甜食酒和餐后酒四类。

9. 泡茶三要素包括________、用水的温度、浸泡时间。

A. 茶具的种类　B. 茶叶的用量　C. 原料的选择　D. 壶的大小

10.《黄帝内经》中记录的________，是我国乳酒的最早记载。

A. 醴酪　B. 酒醪　C. 秫酒　D. 猿酒

课外阅读与思考

英式下午茶文化

下午茶是一种独特的餐饮方式，用餐时间介乎午餐和晚餐之间。据说 19 世纪中叶，晚餐的供应多在晚上 8 点或 9 点，英国贝德芙公爵夫人经常在下午准备少量的吐司、奶油和红茶自食或招待客人，以缓解饥饿感。这种饮食方式很快就在英国贵族女眷间流行并流传下来。英国人喝下午茶的方式丰俭由人，由高贵正式茶聚（Tea party），到简便的餐食，都可以称为下午茶。随着英国在 19 世纪末的强盛，下午茶文化从英国本土带入欧洲和它的殖民地，逐渐成为一种世界性的文化标志。

喝下午茶最正统的时间应该是下午 4 点，如今酒店等提供的下午茶一般集中在下午 3~5 点半。英式下午茶选用的为红茶，多为产自印度的大吉岭红茶、斯里兰卡的锡兰高地红茶、伯爵茶。下午茶以 100℃ 的新鲜沸水冲泡，冲泡时间随茶叶切割越细，烘焙程度越深，而适当缩短。如大吉岭茶、祁门红茶、正山小种等以冲泡 2 分 30 秒为宜，锡兰红茶和阿萨姆红茶以冲泡 2 分钟为宜。

下午茶应先倒牛奶，然后放茶，最后倒水。这主要是早期人们通过先加牛奶来保护优质瓷器，避免因过热而导致瓷器破裂。现在，在冲泡茶叶之前也要用温热的水将茶壶与茶杯浸泡过，即温壶、温杯，这是为避免沸水接触到冷瓷器，骤冷降温而影响茶的冲泡口感。

在维多利亚时代，出席下午茶颇为正式，男士应着燕尾服、戴高帽，女士应着白天洋装、戴头饰或帽子。现今每年一次的白金汉宫正式下午茶，仍遵此礼。但民间普通的下午茶则没有此要求。但下午茶通常应由女主人着正式服装亲自为客人服务，不到万不得已是不会请女佣协助的，以表示对客人的尊重。

然而喝茶并不是主要的环节，品尝蛋糕、三明治等各种点心，反而成了最重要的部分。正统的英式下午茶需用三层点心塔（Three-Tier Petit Four Stand）盛装，第一层（底层）放三明治、手工饼干等咸味食物，其中经典代表为小黄瓜三明治；第二层（中间层）放传统英式点心司康（Scone），涂抹果酱和奶油后食用；第三层（最上层）放蛋糕及水果塔等甜点。点心塔的食用顺序应遵循由下至上食用，口味由淡转重、由咸转甜。除了这种必不可少的三层点心，一些牛角面包、葡萄干、鱼子酱等也会摆上来迎合宾客的口味。英式下午茶的餐点和茶水的分量通常会比参加人数多备一份，即两人的下午茶约为三人量，四人的下午茶约为五人量。

下午茶的茶具多为瓷器，常绘有英国植物与花卉的图案，通常极具收藏价值。英国下午茶茶杯一般为上宽下窄型，摆放时杯耳朝右，并附上茶匙。茶匙必须放在杯耳下方成45度角的位置，茶匙把手朝向身体。整套的茶具一般包括茶杯、茶壶、滤勺、广口奶缸、砂糖壶、茶铃、茶巾、保温棉罩、茶叶罐、热水壶、托盘，托盘中常铺有一层蕾丝。整个餐台布置得华丽、高贵、典雅，突显英式贵族的品位。

英国还有一个与下午茶相近的概念被称为傍晚茶餐（High tea），大约源于1825年。傍晚茶餐时间比下午茶更晚，约在下午5~7点，提供的茶餐也更丰盛，除茶外，通常提供由肉或鱼制作的热菜、鸡蛋、糕点、面包、奶酪、黄油、果酱组成餐点，有时会出现如火腿沙拉之类的肉类冷盘。傍晚茶餐尤其在英国工人阶级，以及英格兰北部、苏格兰等地区显著流行。

第六章

中外食俗食礼

【本章目标】

学过本章之后，你应该能够

- 了解宗教的世界分布情况。
- 了解中西传统年节食俗。
- 理解宗教思想对中国饮食文化的影响。
- 理解中西方思维方式差异对饮食文化的影响。
- 掌握宗教饮食规矩和禁忌。

第一节　中西方年节食俗

一、民俗与饮食民俗

1. 民俗

民俗，又称风俗、习俗、民风、风尚、风俗习惯等，是民间社会生活中传承文化事象的总称，是一个国家或地区、一个民族世代传袭的基层文化，是通过民众口头、行为和心理表现出来的事物和现象。

民俗是一种错综复杂、良莠并存的文化，它的形成有着经济、政治、地域、宗教、民族、语言、心理等诸多方面的因素。民俗具有群体性与社会、传统与变异、传放与传播、盲目与从众、非理性与神秘性等属性，也具有历史功能、教育功能、群体聚合功能、娱乐功能。民俗不仅在人类社会的发展中起着承前启后的作用，而且在现代物质文明和精神文明建设中也有不可低估的重要作用。

2. 饮食民俗

饮食民俗是指人们在筛选食物原料、加工、烹制和食用过程中，即民族食事活动中，所积久形成并传承不息的风俗习惯，是人类饮食文化中的社会性规定和约定俗成的社会行为，也称饮食风俗、食俗。饮食风俗是诸多风俗中最活跃、最持久、最有特色、最具群众性和生命力的一个重要分支。

中西食俗一般包括年节食俗、居家日常食俗、人生仪礼食俗、宗教信仰食俗等内容，而若按民族成分来认识，又可以有汉民族食俗、少数民族食俗等类别。

二、中国传统年节食俗

年节是有固定或不完全固定的活动时间，有特定的主题和活动方式，约定俗成并历代传承的社会活动日。在中国，节日的本意是指节气相交或转换之日，没有民俗意义上的“节日”的含义，但一部分节气节日逐渐演变成了民俗日，如清明、夏至、冬至等。其他节庆还有来自重大历史事件，如国庆节、劳动节、建军节、青年节等，以及来自宗教信仰的节庆，如腊八节、泼水节（浴佛节）等。

1. 春节食俗

春节俗称新年，是中华民族最隆重的传统节日。辛亥革命后，我国采用公历纪年，以公历元月一日为元旦，以农历正月初一为春节。旧时，从过小年（腊月二十三或二十四）到元宵节（正月十五），都属新年范围，其中以除夕至正月初三为高潮。春节的活动因民族、地域不同而有所不同。以汉族为例，过春节讲究年前置办年货、制作新衣、举行掸尘、祭灶、祀祖、吃年饭、守岁、贴春联、挂年画等活动，节日期间互相拜年、放爆竹、喝元宝茶、喝春酒、吃年糕、吃饺子、吃元宵等风俗。

除夕又称“大年三十”，民间家家户户要吃年饭，又称年夜饭、宿岁饭、团圆饭。年饭是全家团聚的家庭宴会，为此外出的人要纷纷赶回家过年，赶不回来的人在吃年夜饭时也要给他留一个席位，摆上碗筷，象征他也回家团聚了，这是中国家庭具有凝聚力和向心力的表现。传统上吃年饭的时间多选择在夜间（黎明或晚上），取一家人团聚不被人打扰之意。年夜饭的食品丰富、种类繁多、荤素菜肴齐备，席中一定要有酒有鱼，取喜庆吉祥、年年有余（鱼）之意。一些地区在除夕吃饺子，并在包饺子时往其中置钱、糖、枣等，有枣的饺子寓意早得子，有钱的饺子象征发财致富，有糖的饺子象征生活甜如蜜。一些地区在除夕时，皆多煮年饭，称为隔年饭、隔年陈、留岁饭、年根饭、岁饭，其他春节食品也如此，吃年饭时有吃有剩，寓年年有余之意，剩饭作来年的“饭根”，意为“富贵有根”。

春节期间，民间又有食年糕和拜年用年糕之俗。清代《天津志略》记录天津地区元旦食黍糕，曰“年年糕”。道光年间《安陆县志·风俗》记录湖北德安一带春节时“村中人必致糕相饷，名曰‘年糕’”。年糕多由糯米或黏小米制成，谐音年（黏）年（黏）高（糕），寓意“步步登高”，一年更比一年好。

拜年客人进门后，主妇们先给客人敬元宝茶。元宝茶是取红枣沿腰切口，四周嵌入瓜仁，冲白糖开水，考究一点则是红枣莲子桂圆羹做元宝茶。此时饮茶饮酒也多选元宝杯，即酒杯上绘有元宝或钱币图形，以示吉祥发财之意。1915 年刊《汉口小志》记载“拜年客来，多留吃元宝茶，或摆果盒以待”。果盒中常装有年糕、蜜枣、糖莲子、柿饼、花生等，分别寓意年年高、早生贵子、早日高中、连生贵子、事事如意、花着生。

喝“年酒”也是拜年活动的重要组成部分。年酒的主要形式有普通客人走亲拜友，主人所设的酒宴，这一类最为普遍；第二类为专为“新婿”“新客”以及其他特殊需要而专门设置的酒宴；第三类为“团拜酒”。拜年喝年酒的时间一般为正月初一至十五，多在正月初十以内，有的至正月底。年酒除酒必不可少外，主人当尽其所能制作美味佳肴。

2. 元宵节食俗

元宵节又称正月十五、上元节、元夕节、灯节。该日为满月，即“望”日，象征团圆、美满，因此常要进行祭天，祈求合家团圆和丰年。元宵以形寓意，意在团圆，又因时在正月十五，春节延至半月，寓意春节如意圆满。

元宵节俗主要是结彩灯和吃元宵。元宵又称汤圆、灯圆，因是水煮的也叫“汤饼”，又因是由米粉制成也称“粉果”，还因为是圆形的又谓“油画明珠”。我国唐代开始有“吃粉果”的习俗，元宵大概就是由此演变而来。《明宫史》记载：正月初九日后，吃元宵，其制法，用糯米细面，内用核桃仁、白糖为果馅，洒水滚成，如核桃大。

3. 清明节食俗

清明节，农历三月间（公历 4 月 5 日前后），与农历七月十五日、十月十五日合称“三冥节”，都与祭祀鬼神有关。清明本为二十四节气之一，但由于其在季节变化中的特殊地位，加上寒食节的并入，遂成为一个重要的节日。寒食节又称冷节、禁烟节，一般在清明节前的一两天，古代有禁用烟火，只食先期做好的熟食（冷食）之俗。此俗来源于春秋时晋文公重耳为纪念介子推，而禁火寒食，以寄哀思。大约到了唐代，寒食节与清明节合二为一，节日里有扫墓祭祖、踏青、插柳、植树、荡秋千等活动。

每逢清明，浙江一些地区的孩童妇女便纷纷采集野荠、青蓬等，回家浸泡在水中，再捞起挤去其汁，然后切碎和入粉中，揉成面团，以作青粿，故称清明粿。有的做成畚斗状，谓之“畚斗粿”，意为粮食丰收，有粮可装；有的做成犁头形，寓耕作顺利；有的做成羊、狗形状，称为“清明羊”“清明狗”。江南一些地区，认为清明生子最佳，谓“聪明儿”，并有抱婴儿向邻里乞讨清明粿的习俗，俗称“讨清明”，因“清明”和“聪明”谐音，谓孩子日后容易抚养，健康聪明。

4. 端午节食俗

端午节，农历五月初五又名端午、端五、端阳、重午、重五、五月五、端节、蒲午、蒲节、天中节、诗人节、粽包节、龙船节。关于端午节的起源，众说纷纭，有认为是龙图腾崇拜民族的祭祖活动日、认为起源于越王勾践为复国在此日训练水师、纪念介子推、纪念楚国爱国诗人屈原、纪念伍子胥、纪念曹娥、祭“地腊”等。直到南北朝时，食粽和龙舟竞渡意义向崇拜屈原转化，以集尊严人格、事业成就、深刻思想、行为风格、悲剧命运于一身的屈原为民族文化的人性化身，这是中华文化经过汉代整合与其后数百年裂变的结果，是粽子文化的一种升华。

节日里，民间有赛龙舟，食粽子、咸蛋，饮雄黄酒、菖蒲酒，放艾草，挂香袋，吃蒜挂蒜，插菖蒲等风俗活动，其中最重要的就是裹粽、食粽和龙舟竞渡。赛龙舟起初是为了祭神，龙舟中供的天妃是保佑平安的大神，后演变为有祈求农业丰收、以龙舟送鬼、驱邪避瘟、去灾求吉、强身健体等功能。

粽子定型于距今 3000 多年前，类似于滋饭团。粽子定型伊始为北黍南糯，且具有始见于北、后重于南的历史特征。在汉代《说文解字》等文献中，粽子记为“粽”，又称“角黍”，做法是把粽叶（即芦苇叶或竹叶）泡湿，糯米用水泡好，以肉、豆沙、枣仁等为馅，包成三棱形、方形、枕头形等蒸、煮而成。

5. 七夕节食俗

七夕节，又名乞巧节、少女节、女儿节、双七节、双星节、鹊桥会、巧节会。除五代时期以七月六日为七夕节外，历代均以七月七日为七夕。相传农历七月七日夜牛郎织女在天河相会，民间有妇女乞求智巧之事，故名。

七夕节的主要饮食活动是在当晚陈瓜果食品，如瓜、果、酒、饼、蔬菜、肉脯等，焚香于庭以祭祀牵牛、织女二星乞巧。其中，以南方江浙一带的巧果最具特色，以糯米加糖后油炸成各种小花果子，认为是甜蜜幸福的象征。七夕节的常见食品还有菱子、瓜子、瓜、花生等。旧时节日里，姑娘们备彩线，着盛装聚会，并争穿针孔、抛绣针等，竞赛女红，气氛欢乐。现代社会，商家已将七夕节打造成中国的情人节，赋予传统节日新的含义。

6. 中秋节食俗

中秋节，农历八月十五，因恰值三秋之半故名中秋，又名仲秋节、秋节、团圆节、八月节、八月半。此夜月亮又圆又亮，民间以合家团聚赏月为主要内容，寓意团圆美满。民间的赏月、祭月、迎寒等活动到了宋代正式定为中秋节。

赏月，吃月饼、瓜果，摸秋，送瓜（西瓜）是各地中秋节流行的习俗。月饼原为祭月供品，苏东坡诗云：“小饼如嚼月，中有酥和饴”，又有云：“民间以月饼相遗，取团圆之义。”清代有“男不拜月，女不祭灶”的说法，所以多由妇女儿童进行拜月。拜祭前，人们先将月饼、瓜果供月，然后参拜，再将祭月之饼按人数切开分食。

7. 重阳节食俗

重阳节，又名九月九、重九节、登高节、茱萸节、菊花节。九为阳数，两九相重，故为“重九”；日月并阳，两阳相重，故名“重阳”。重阳节由来已久，一般认为始于先秦，它可能起源于秋游去灾风俗，后来演变为九月九日登高活动，并深受道家的影响。民间有登高野游、赏菊、放风筝、蒸花糕、饮菊花酒、食蟹、插茱萸、迎出嫁女归宁等活动。唐代诗人王维《九月九日忆山东兄弟》：“独在异乡为异客，每逢佳节倍思亲，遥知兄弟登高处，遍插茱萸少一人”。

重阳节以吃糕驰名。陕西临潼从九月初一起，娘家要给女儿、外孙送糕，取谐音“高”，即步步登高之意。后因当地缺米，便用面塑宝塔，上附蟾蜍、鸡、鱼、龙等形象。湖南民间多在重阳节造酒，称为“菊花酒”。如澧州民间在“重阳”之日，士大夫携酒登高，各家采蓼及菊叶为曲，酿秫和芦稷为酒，以备终年祭祀、宾客之用；酿糯秫米酒，熬而藏之，作为养老之需，统称“菊花酒”，也叫“万年春”。

8. 冬至节食俗

冬至节，农历十一月间，公历12月22日前后，又名冬节、交冬、亚岁、贺冬节、小年。冬至这一天北半球白天最短，夜间最长，标志着冬天的到来。

冬至节历史悠久。周代以十一月为正，已有祭神仪式。秦代沿其制，也以冬至为岁首，这就是把冬至视为“过年”“过小年”的历史原因。汉代称冬至为“冬节”“日至”，官场互相庆贺。南北朝时，民间有拜父、拜母之礼，吃赤豆粥以辟邪之俗。节日期间，有祭天、祭祖、送寒衣、宴饮、腌制鱼肉等习俗。

冬至节饮食有鲜明的冬令特点，北方有“冬至饺子夏至面”之谚，认为冬天寒冷，耗热量多，应该多吃有营养的食品，饺子、馄饨是冬令佳品。朝鲜族在冬至日必须吃冬至粥，粥由大米、小豆制成，加入糯米圆子。一些地区在冬至节还喜欢吃狗肉、羊肉，认为是冬补食品。福建有冬至吃糯米丸之俗，将所制糯米食品，用红糖拌匀，祀神祭祖之后，合家分食。北方地区还喜欢在冬至前后腌制酸菜，供春节和开春后食用；南方地区则有在冬至后腌鱼腌肉习俗。

9. 腊八节食俗

腊八节，农历十二月八日，又名成道节。自从佛教传入后，正式确立了节日的具体时间。寺院在此日要作佛会，熬粥供佛或施粥贫者；在民间也有人家做腊八粥，或阖家聚食，或祀先供佛，或分赠亲友。腊八粥一般用各种米、豆、果品等一起熬制而成。腊八粥不仅是礼佛食品、民间小吃食品，也是腊八节的重要礼品。

10. 送灶节食俗

农历十二月二十四日前后，民间有祭祀灶神的风俗，不少地区以腊月二十四日前后为小年，因此送灶节又称灶神节、灶王节、小年节、小年等。灶神俗称灶君、灶王，也称“东厨司命”，管理灶事。

送灶，即此日灶王爷要上天向玉皇大帝汇报人间的善恶事，所以人们要为他送行，祭拜他，以便灶王上天述职时多说好话，祈求天神保佑家庭安宁，达到“上天言好事，下界降吉祥”的目的。因古语“男子不拜月，女子不祭灶”之谚，送灶者都为男子。祭灶首先是祈求五谷丰登，其次是祈求人丁兴旺。

为了实现祭灶目的，民间有给灶去灰、屋去尘，准备特殊祭品祭灶神等。鸡骨糖即灶糖，又称胶牙糖，用麦芽熬制而成，黏性很强。祭灶必用这种黏性很强的糖，为的是叫灶神吃了它，粘住嘴，上天不说这家人的坏话。用黄羊祭灶最早见于东汉。据载，汉宣帝时，阴识的祖父阴之方以家里的黄羊祭祀灶神，此后果然发了大财，成了巨富，遂开始流行用黄羊祭灶。但黄羊是一种野生动物，由于捕猎过度，后来渐被灶糖替代。

三、其他国家传统节日食俗

1. 圣诞节食俗

圣诞节，又称基督弥撒、耶诞节，多数国家和地区为 12 月 25 日，是纪念耶稣降生的节日，是许多国家，尤其是西方国家等以基督教文化为主流的地方的公共假日。由于基督教在西方国家的特殊地位，于是基督教的许多节日逐渐成为全民节日。圣诞习俗众多，因国家、世俗、宗教而差异性较大，被大部分人所熟悉的有圣诞树、圣诞火腿、圣诞柴、姜饼屋、冬青、槲寄生以及互赠礼物的习俗。

作为基督教的重要节日，教会透过将临期或降临期来进行特殊的活动，组织唱诗班演唱圣诞歌曲，准备子夜弥撒等。在教会以外的场合，圣诞节已转化成一种民俗节日，并常与日期相近的公历新年合称“圣诞与新年季”。

圣诞节盛宴的菜肴各国各不相同，但都非常重视，会精心准备。在丹麦，传统的圣诞节餐点在平安夜置办，内容为烤猪、烤鹅或烤鸭三者择一，伴以马铃薯、紫色包心菜与大量的浓汤肉汁，甜点多为米糕布丁，通常会把一颗杏仁藏在里面，幸运发现的人可获颁杏仁礼盒之类的礼物。传统的圣诞节饮品是格罗格甜酒和特别为当季酿造的传统圣诞啤酒，这些酒类的酒精浓度通常都偏低。

英国的圣诞晚餐通常包括白兰地奶油酱、面包酱、圣诞节布丁（或葡萄干布丁）、蔓越橘酱、烤火鸡、烘焙蔬菜、填馅类食物。中世纪的英格兰，圣诞主餐是孔雀或野猪择一，野猪通常是首选。但自从火鸡被出口到大不列颠后，火鸡在

18 世纪开始成为圣诞节主餐。英国的另一个圣诞传统是使用火鸡的三叉骨来许愿。通常做法是两人一对，各执许愿骨的一端拉开，断裂后掰到较大部分的人便可许一个愿望。

在德国，圣诞菜肴一般是烤鹅肉、通心粉沙拉、杏仁糖、麦片粥、圣婴水果甜面包、小乳猪、德式白香肠。奥地利与德国基于文化与历史上的联系，圣诞佳肴风格也非常相似，炸鲤鱼和巧克力蛋糕都是圣诞节常见的餐点。在波兰、乌克兰、立陶宛区域，通常会精心置办一种仪式用的十二道素食佳肴，这是因为从圣诞节前一季开始到圣诞节当天为止都是斋戒期。在捷克共和国的传统圣诞晚餐是炸鲤鱼和马铃薯沙拉。

加拿大的圣诞晚餐与它的殖民祖先英格兰以及邻居美国多有相似之处，传统圣诞节晚餐特色有填馅火鸡、马铃薯泥、肉汤浓汁、蔓越橘酱、蔬菜及作为甜点的葡萄干布丁。蛋酒，是一种牛奶为底混合蛋汁、砂糖等的饮料，通常会加酒类调配，在节庆时分也很受欢迎。其他的圣诞节餐点包括奶油塔和奶油酥饼，依传统都会在节日前烤好，用于招待各种圣诞节与新年派对时造访的朋友，以及圣诞节当天食用。在加拿大的法语省份，其传统习俗较趋近于法国。

在美国举行的许多圣诞节习俗都传自英国和德国。圣诞餐桌主食中蔓越橘酱、火鸡、填馅类食物、南瓜派、青豆、玉米都非常普遍。火腿常被作为火鸡的交替性取代物或是搭配物，填馅类食物包括栗子、牡蛎、水果或基本的香草面包。甜点经常体现了参加者的种族背景，如南瓜派、水果蛋糕或甜馅派。此外，南方有粗碾玉蜀黍和威士忌酒蛋糕，夏威夷有照烧火鸡，弗吉尼亚州有牡蛎跟火腿馅饼，上游的中西部佳肴包括富有北欧斯堪的纳维亚背景特色的食物，如干鳕鱼和捣碎的芜菁甘蓝或芜菁等。在西南方，特别是新墨西哥，一顿传统的圣诞晚餐可能会包括墨西哥式猪肉香蒜浓汤、墨西哥碎肉玉米饼、西班牙式半圆馅饼和大茴香饼干。

澳洲由于圣诞节时正值南半球高温的夏季，肉类如火腿、火鸡和鸡肉通常都是冷盘，诸如牛排或鸡胸肉、鸡腿和鸡翅，以及常见的对虾类（小虾、淡水龙虾）都被切块作为烧烤菜色，当季水果包括了杧果与樱桃。

2. 复活节食俗

复活节，又称主复活日，是基督教的重要节日之一，定在每年春分之后月圆的第一个星期日。但现今罗马教会和东正教会的计算仍略有差异，所以存在不同教派中复活节日期不相同的情况。

基督教认为，复活节象征重生与希望，是纪念耶稣被钉死在十字架上后又复活的圣迹。不过现在的许多与复活节相关的民间风俗却并不源于基督教，如复活节兔和复活节彩蛋，以蛋象征初春一切恢复生机，以兔子象征多产和生命力。

3. 万圣节食俗

万圣夜，意为万圣节前夕，中文常称为万圣节，在每年的10月31日，是西方世界的传统节日，主要流行于美国、不列颠群岛、澳大利亚、加拿大和新西兰等国，而其他发达国家则于20世纪末受美国流行文化影响也开始庆祝万圣夜。

万圣节与圣诞节一样都是来自于天主教对其他文化的节日的吸收和重新诠释。万圣夜起源于不列颠凯尔特人的传统节日，凯尔特人以10月最后一天作为夏天的终结和冬天的开始，这一天是一年的重要标志，被称为“死人之日”或者“鬼节”。因此，万圣节通常也与灵异的事物联系起来。欧洲传统上认为万圣夜是鬼怪世界最接近人间的日子，凯尔特人会戴上面具以吓走邪恶的鬼魂。

在宗教方面，早期的大公教会受到罗马政府的强烈逼迫，有很多基督徒因此殉道，后世常有基督徒到这些殉道者殒命之处举行追思活动。故此，就有教会设立了专门的日子来纪念。在苏格兰和加拿大的某些区域，在万圣节会举行专门的弥撒以纪念圣人。

万圣夜流传到现在，常以鬼怪、吓人，以及与死亡、魔法、怪物有关的事物，如南瓜、鬼魂、食尸鬼、女巫、蝙蝠、黑猫、猫头鹰、精灵、僵尸、骷髅、恶魔、吸血鬼和科学怪人等联系起来。又以黑色和橙色作为万圣夜的传统颜色，而诸如南瓜、稻草人等秋天的元素也成为万圣节的象征。在英国和爱尔兰，当地人在挖空的芜菁中点燃蜡烛制成杰克灯，但美国人很快便用南瓜代替，成为万圣夜最广为人知的象征物。

万圣夜的另一个主要活动是“不给糖就捣蛋”（Trick-or-treat）。小孩装扮成各种恐怖样子，逐门逐户讨要糖果、巧克力或是小礼物。在苏格兰，小孩要糖果时会说：“The sky is blue，the grass is green，may we have our Halloween.”（天是蓝色，草是绿色，齐来庆祝万圣节前夜），然后以唱歌跳舞等表演来获得糖果。

此外，还有一些和万圣节派对有关的游戏。如“咬苹果”游戏中，苹果会漂浮在一个装满水的大盆子或是木桶的水面上，参加者要设法用牙齿咬起漂浮在水面上的苹果。由于万圣夜临近苹果的丰收期，太妃糖苹果（Toffee apples）也是万圣节的庆祝食品。制法是把苹果插上竹签，然后手持竹签把苹果放在太妃糖浆中转动，有时会再粘上果仁。其他特色食品还有粟米糖（Candy corn）、热苹果酒、烘南瓜子等。

4. 感恩节食俗

感恩节是加拿大和美国所特有的全国性节日。1620年5月花号船满载英国受迫害的清教徒到达美洲。当年冬天，不少人饥寒交迫，染病身亡。在印第安人帮助下，新移民学会了狩猎、种植玉米、南瓜，并在来年迎来了丰收。他们邀请印第安人庆祝节日，感谢其帮助。初时感恩节没有固定日期，由各州临时决定，直到美国独立后，感恩节才成为全国性的节日，并于1941年起定为每年11月的第四个星期四，这一天也通常被认为标志着圣诞采购季节的正式开始。加拿大的感恩节则起始于1879年，是在每年10月第二个星期一，与美国的哥伦布日在同一天。

每逢感恩节这一天，美国举国上下热闹非常，基督徒按照习俗前往教堂做感恩祈祷，城乡市镇到处都有化装游行、戏剧表演或体育比赛等。分别了一年的亲人们也会从天南海北回家团聚，品尝以火鸡为主的感恩节美食。美国当地最著名的庆典则是从1924年开始的梅西百货感恩节游行。而美国总统每年都会在感恩节这天赦免一只火鸡。

火鸡一直是感恩节的传统主菜，通常要在火鸡的肚子里塞上各种调料和拌好的食品，然后整只烤出，由男主人用刀切成薄片，并由女主人分送给大家。通常的配菜有肉汁土豆泥、蔓越莓果酱、甜玉米以及各种蔬菜。此外，南瓜派、樱桃派、坚果派都是常见的饭后甜点。这些食材大多原产自美洲，在欧洲人到达后才被带回欧洲。火鸡虽然也原产自美洲，但西班牙人早在17世纪就从中美洲将驯化过的火鸡带回欧洲，随后火鸡风靡欧洲，在英格兰，火鸡更是取代鹅成为圣诞节的主菜。

在感恩节，亲友通常都会聚在一起共进晚餐，因此感恩节周末是一年中交通最为繁忙的日子之一。每年感恩节的次日被称作黑色星期五，美国的商场等会有超低折扣的促销，所以很多人家在团聚之后都会举家出动，昼夜排队以求购买到物美价廉的商品，这也逐渐成了一种新的习俗。

5. 逾越节食俗

逾越节，又称无酵节、除酵节、巴斯卦节，是犹太教的三大节庆之一。此节源于《旧约圣经》中《出埃及记》的记载：摩西召了以色列的众长老来，对他们说："你们要按照家口取出羊羔，把这逾越节的羊羔宰了。拿一把牛膝草，蘸盆里的血，打在门楣上和左右的门框上。你们谁也不可出自己的房门，直到早晨。因为耶和华要巡行击杀埃及人，他看见血在门楣上和左右的门框上，就必越过那门，不容灭命的进你们的房屋，击杀你们。这例，你们要守着，作为你们和你们子孙永远的定例。日后，你们到了雅威（耶和华）按照所应许赐给你们的那地，就要守这礼。你们的儿女问你们说：'行这礼是什么意思?'你们就说：'这是献给耶和华逾越节的祭。当以色列人在埃及的时候，他击杀埃及人，越过以色列人的房屋，救了我们各家。'"

逾越节家宴通常会遵循固定的进餐步骤：点燃火烛，示意晚餐开始；祝祷，喝第一杯酒，洗手；头盘，以青菜浸入盐水，象征在埃及被奴役的辛酸；掰开一块无酵饼，把其中一半藏起；打开覆盖饼的布，邀请穷人进餐；重述逾越故事；

喝第二杯酒，象征救赎；洗手；祝福无酵饼，然后夹苦菜食用；仪式暂停，享用事前烹调好的晚餐；寻找之前被藏起来的半个饼；饭后祷告；喝第三杯酒，以利亚之杯（邀请弥赛亚来临）；赞美诗；歌曲；喝第四杯酒，并祝福“明年在耶路撒冷过逾越节”；晚餐盘。晚餐桌中间有一专用的盘，通常盛有象征奴役的苦菜、象征砖土的一种由果仁、酒、苹果和肉桂煮成的酱、象征泪水的青菜、象征在节日牺牲的羊骨（不食）、象征对不能在圣殿举行节日哀悼的蛋类（不食）、盐水和饼分开盛载。

现代犹太教逾越节庆祝的时间与古代不尽相同。现代犹太人的历法是按照天文上的新月日子而定，而古代犹太人的历法则是按照耶路撒冷出现新月的那一天日落后，作为一个月的第一天，两者会有18~30个小时的误差。此外，因不洁（接触过死尸）或远行不能参加逾越节的人，还可在4~5月补过逾越节。

根据圣经记载，耶稣受难前最后的晚餐是与门徒共进逾越节晚餐，而根据犹太人对一天的定义起于日落、终于第二天日落的算法，耶稣是在当年逾越节的这天死去的。但一般基督教教会遵循耶稣是在星期五（安息日前一天）被杀害的，并在周日复活。因为不可能每年逾越节正好是星期五，所以大部分教会的庆祝日很少和犹太人的节日吻合。

6. 斋月食俗

每年伊斯兰教历的9月，是一年之中吉祥尊贵的月份，教规中规定每一位虔诚的健康的成年的穆斯林，应全月封斋，即每日从拂晓至日落，禁绝饮食和房事。对于封斋有困难者，如病人、年老体弱者、出门旅行者、婴幼儿和小孩、孕妇、哺乳者、经期中的女性等可以暂免，或过时再补，或缴纳一定的祭品或施舍。

斋戒的核心是“省过”“节欲”“清心”，通过斋戒使人们尝到饥饿和干渴的痛苦，用忆苦思甜的方法磨炼意志、坚定信心，体会人生创业的艰难，鼓励人们用勤劳和智慧创造财富，教育子女做一个勤劳、善良、正直和守法的穆斯林。

7. 开斋节食俗

开斋节在伊斯兰教历10月1日，为庆祝一个月的斋戒圆满完成。封斋第29日傍晚如见新月，次日即为开斋节；如不见，则再封一日，共为30日，第二日为开斋节。开斋节也称为小年，中国新疆地区又称为肉孜节（Roza）。

开斋节是伊斯兰教的重大节日，通常欢庆三日。届时，穆斯林男女都要沐浴净身，点香，穿新衣戴新帽，打扫房屋，整理宅院，到清真寺参加会礼，向圣地麦加古寺克尔白方向叩拜，听阿訇诵经。礼拜后，给亡故的亲友走坟。每家都炸油香、搓馓子、喝盖碗茶等，有的还要宰鸡、羊，烹制本民族本地区独具风味的佳肴美馔。如宁夏回民的清炖羊肉、手抓羊肉、涮羊肉，新疆的抓饭、烤全羊，兰州的牛肉拉面、清蒸鸡，西安的羊肉馅饼、羊肉泡馍等。

8. 古尔邦节食俗

一般在开斋节后70天庆祝，即伊斯兰教历12月10日举行。古尔邦节又叫宰牲节、忠孝节，这一天伊斯兰教教徒要举行盛大的庆祝活动，宰杀牛羊，炸馓子、烤全羊、烤羊腿等，有些阿拉伯人还宰杀骆驼庆祝。

第二节　宗教信仰饮食观

宗教是社会意识形态之一，世界三大宗教——佛教、基督教和伊斯兰教是现代宗教的典型代表。宗教信仰食俗具有群体性、自觉性、忌讳性、神秘性、功利性、复杂性等特性。

一、佛教饮食观念

佛教作为一种宗教的哲学体系，对人的食欲以及饮食与修行、传教的关系有着许多独到的研究和规定。相传释迦牟尼佛在雪山苦行六年，有时一日仅食一粟一麦，饿得骨瘦如柴，却始终未能悟得解脱境界，于是放弃苦行，接受牧牛女提供的奶酪而得以恢复身体状态，并于菩提树下很快进入禅定境界。因此，佛教认为“食”是众生生死症结的根本所在，若调试不当则不能与道相应。佛教把饮食列为必备的四种供养之一，但强调饮食非目的而只是一种手段，即借假以修真。所以佛教奉行中道哲学的饮食，即不自苦也不纵欲。

佛教自汉代传入中国，在魏晋南北朝时期发展迅速，并在唐代达到了鼎盛。除云南傣族地区等少数区域信奉小乘佛教，西藏、内蒙古等地佛教与当地的本教结合形成藏传佛教（喇嘛教）外，我国其他大部分地区均信奉大乘佛教，而汉族地区的佛教与我国传统文化相融合，又形成了典型的中国式佛教。

1. 佛教饮食戒律

佛教根据环境和修行的需要制定了许多戒律，其中和饮食相关的，除酒戒外，还有以下几方面：

（1）托钵乞食制度

《智度论》云：“食为行道，不为益身”，意识是说有饮食即可，不并在乎食物是粗简还是精致，只要能支撑身体基本需要即可，使修行者可以安心修行，便是符合佛意的。至于饮食的来源，在印度主要靠托钵乞讨，我国除傣族地区的小乘佛教徒仍沿此习俗外，其他区域则提倡“一日不作，一日不食”“农禅并重”的独特习俗，这主要是由于古时国人往往普遍面临较大的生存挑战，寺庙中的僧人也就只能尽力自给自足。

（2）过午不食戒

佛教《毗罗三昧经》云：“食有四时：旦，天食时：午，法食时：暮，夸生食时：夜，鬼神食时”。按经中所言，出家人只能在午时进食，日过正午则不许进食，但可饮水或浆，称为持午或吃斋。从修行的角度看，这既可避免过于扰民，以节制食欲，又有利于节省时间，有助于禅修。但在中国由于僧人还需参加田间劳作，很难真正做到“过午不食”，因而晚餐多进食粥类，被称为“药食”。

（3）素食规定

佛教戒律原本只有不准饮酒、不许杀生的规定，传入中国后，衍化出许多宗派，其中大乘佛教遵循严格的茹素饮食主张，且禁断五辛，即葱、蒜、韭、薤、兴渠。中国佛教吃素主要起源于南北朝时期的梁武帝萧衍（464～549 年）反对吃荤，著《断酒肉文》四篇，主张僧尼一律断鱼肉，不食蛋类，但可以食用奶制品。虽然酒为谷类或水果制成，但因为喝酒会乱性，故不可食用。梁武帝以帝王之尊笃信佛教，对素食身体力行，逐渐形成了佛教徒茹素的戒律。

而小乘佛教奉行托钵乞食，对于乞得肉类食物，只要属于“净肉”，即没有亲眼见到动物被宰杀的肉、没有听到动物被宰杀时惨叫的肉、不是专门为自己宰杀的肉，也是可以食用的。在藏传佛教中，因教众所生活的高原地区气候恶劣，生存条件艰苦，也没有禁止食肉的戒律。

（4）过堂仪轨

寺庙中设专供僧人吃饭的斋堂，吃饭时以击磬或击钟来召集僧徒。寺中僧众集体就餐，实行分餐制，每人饭菜相同，一人一份。过堂虽仅是吃饭，但在佛教也是一堂法事，包括供佛、施食、进食、结斋等。进食前需按规定念供，以所食供养诸佛菩萨，为施主回报，为众生发愿。

进食过程按照《百丈清规·日用轨范》中的记载：“吃食之法，不得将口就食，不得将食就口。取钵放钵，并匙箸不得有声。不得咳嗽，不得搐鼻喷嚏；若自喷嚏，当以衣袖掩鼻。不得抓头，恐风屑落邻单钵中。不得以手挑牙，不得嚼饭啜羹作声，不得钵中央挑饭，不得大搏食，不得张口待食，不得遗落饮食，不得手把散饭，食如菜滓，安钵后屏处。……不得将头钵盛湿食，不得将羹汗放头钵内淘饭吃，不得挑菜头钵内和饭吃。食时须看上下肓，不得太缓。”这些规定或为进食清洁，或为食相雅观，或为考虑对他人的影响，总体来说在于保持进食时的肃穆气氛，并在这种气氛中加强宗教意识。

2. 佛教对中国饮食文化的影响

南北朝后，我国僧众大增。虽然我国的素食并非源于佛教，但佛教对素食的发展确实起到了极大的推动作用，尤其促进了蔬食、面筋、豆腐等素菜的发展，并最终形成了素食菜系。

南北朝后，素食的人群众多，且此时的寺庙大多有丰厚的庙产，一些有名的寺院开始对外供应素食。梁时建康的建业寺有位和尚擅烹调，能用一种瓜，做十余种菜，且一品一味。到了宋代，面筋在素菜中普遍使用，为“托荤菜”的产生奠定了基础，陆续创造出素鸡、素鸭、素鱼等“托荤菜”。佛教饮食的特点是就地取材，佛寺的菜肴善于以各种蔬菜、瓜果、笋、菌菇、豆制品为原料进行烹调。现今的扬州素菜就善于用竹笋、香蕈、豆腐、面筋烹制，其中又以扬州大明寺、镇江金山寺、浙江普陀寺、四川宝光寺的素食最为知名。苏东坡曾撰有《菜羹赋》，把素食与安贫乐道、好仁不杀及向大自然回归联系起来，极力提倡。一般来说，素食清淡、鲜美、营养丰富，不易伤脾胃，是一类有益健康长寿的理想食品。

另外，茶在佛教饮食中也占有重要的地位。有古语云“寺必有茶，僧必善茗，茶以佛传，茶随佛香”。唐朝封演著《封氏闻见记》第六卷“饮茶”记载：“南人好饮之，北人初不多饮。开元中，泰山灵岩寺有降魔师，大兴禅教。学禅务于不寐，又不夕食，皆许其饮茶。人自怀挟，到处煮饮，从此转相仿效，遂成风俗。……于是茶道大行，王公朝士无不饮者。……穷日竟夜，殆成风俗。”可见，中国茶文化的兴起也与禅宗密不可分。首先，僧人们坐禅，彻夜清修，茶就成为其禅定入静不可或缺的提神之物。同时，茶的清淡平和，正与佛的与世无争相合。其次，佛教寺庙通常选在山清水秀的地方，气候适宜种植茶树，加之僧侣细心管理，遂多有佳品问世，在客观条件上也增加了禅与茶的结合。

二、伊斯兰教饮食观念

伊斯兰文化圈，又被称作阿拉伯文化圈、中东文化圈，是一个涉及范围小于伊斯兰国家的概念。伊斯兰文化圈的区域主要包括：印度半岛西部、中亚、北高加索、阿拉伯半岛、东南亚（泰南、马来西亚、印度尼西亚及菲律宾棉兰老岛）及非洲的部分地区。以土耳其菜为代表的阿拉伯饮食文化（清真饮食文化），与以中国菜为代表的东方饮食文化、以法国菜为代表的西方饮食文化，并称为世界三大饮食文化。

1. 伊斯兰教和伊斯兰国家

伊斯兰教（al-Islam）是世界三大宗教之一。7 世纪初，由麦加的古莱什部族人穆罕默德（570~632 年）复兴于阿拉伯半岛。信奉伊斯兰教的人统称为“穆斯林”（Muslim）。

伊斯兰国家（又称穆斯林国家）是指以伊斯兰教为国教和多数居民信奉伊斯兰教的国家和地区，主要分布在中东、阿拉伯半岛，以及非洲、亚洲的其他一些区域。它们包括所有阿拉伯国家（科威特、伊拉克、叙利亚、黎巴嫩、巴勒斯坦、约旦、沙特阿拉伯、也门共和国、阿曼、阿拉伯联合酋长国、卡塔尔、巴林、埃及、苏丹、利比亚、突尼斯、阿尔及利亚、摩洛哥、西撒哈拉、毛里塔尼亚、索马里、吉布提和科摩罗），非洲的塞内加尔、冈比亚、几内亚、塞拉利昂、马里、尼日尔、尼日利亚和乍得，欧洲的波黑、阿尔巴尼亚和科索沃，以及亚洲的土耳其、阿塞拜疆、伊朗、阿富汗、哈萨克斯坦、乌兹别克斯坦、土库曼斯坦、吉尔吉斯斯坦、塔吉克斯坦、巴基斯坦、孟加拉、马尔代夫、印度尼西亚、马来西亚和文莱，共计 47 个国家和 2 个地区（西撒哈拉和科索沃）。

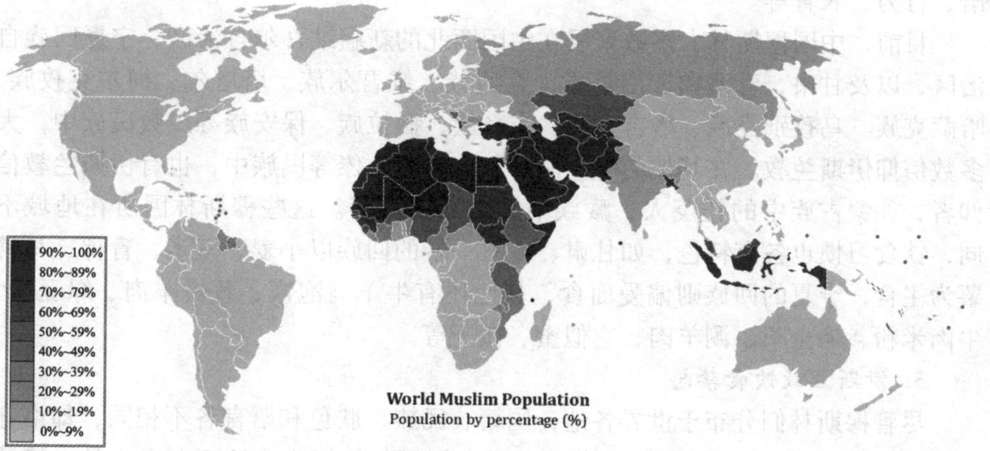

图 6-1　全球伊斯兰教信徒分布示意图

中世纪，阿拉伯地区一直是东西方交流的纽带，因而伊斯兰教对中西方文化都具有一定的影响。尤其在“二战”后，伊斯兰教在西欧、北美、非洲等地区迅速传播，是上述地区中发展最快的宗教。目前，全球伊斯兰教信徒约 12 亿人（如图 6-1 所示），即便在一些西欧国家，也有比例可观的穆斯林人口，如法国穆斯林人口已经达到了总人口的 10%，而美国也有大约 800 万人左右的穆斯林。按照穆斯林总人口数由高到低依次排在世界前 10 位的国家分别是印度尼西亚、巴基斯坦、印度、孟加拉、土耳其、埃及、伊朗、尼日利亚、阿尔及利亚、摩洛哥。

2. *伊斯兰教在中国*

中国关于伊斯兰教的最早记录出现于 7 世纪中叶的唐高宗时期，由阿拉伯商人、士兵和阿訇从阿拉伯传入中国。伊斯兰教的入华路线有两条，一条是自西亚、中亚，经陆上丝绸之路，从西北的敦煌传入；另一条是自西亚、北非、东非，经海上丝绸之路，从东南的广州、泉州传入。

在元代文献里，“回回”一词已大量出现，专指信仰伊斯兰教的中亚各族人、波斯人和阿拉伯人，而“回纥”和“回鹘”一般指现今的维吾尔族人。元明时期开始，“清真”（Halaal）一词被专用于伊斯兰教，主要用于描述清真寺和清真饮食。清代以来，这一用法和概念已经得到系统阐述和普遍接受。不过作为一个中文词汇，“清真”仅指符合伊斯兰教教法的饮食，因此清真菜一般也是对中国的穆斯林（如回族、维吾尔族等少数民族）饮食的称谓。但在伊斯兰国家，“清真”不仅指可食之物，更指穆斯林的一套生活方式，其中包括了饮食、言语、行为、衣着等。

目前，中国穆斯林大多数聚居在中国西北的新疆维吾尔自治区、宁夏回族自治区，以及甘肃、青海和云南等省。在回族、维吾尔族、塔塔尔、柯尔克孜族、哈萨克族、乌孜别克族、塔吉克族、东乡族、撒拉族、保安族等少数民族中，大多数信仰伊斯兰教。在其他的汉、满、蒙古、藏、傣等民族中，也有伊斯兰教信仰者，如蒙古族中的托茂人、藏族中的卡力岗人等。这些穆斯林因所在地域不同，饮食习惯也各有特色，如甘肃、青海一带的回族以小麦、玉米、青稞、马铃薯为主食，宁夏的回族则偏爱面食，其他还有牛羊肉泡馍、葱爆羊肉、绿豆粉、牛肉米粉、烤全羊、涮羊肉、它似蜜、馓子等。

3. 伊斯兰教饮食禁忌

尽管穆斯林们分布于世界各地，国籍、民族、肤色和语言各不相同，却恪守着相同的教义《古兰经》。经中指出：“人们啊！你们应食地面上合义的、清洁的食物”；“真主为世人创造了各种佳美的食物，人们可以通过自己的劳动来获得它、享用它，以维持生命、增强体力，以便建设好这个世界、管理好这个世界”。伊斯兰教对饮食非常重视，认为若要保持人的纯洁灵魂，滋养人的热诚精神，保持人的清洁和健康体魄，就要特别注意饮食。

《古兰经》指出：“一切异形之物不食”，“暴目者、锯牙者、环喙者、钩爪者、吃生肉者、杀生鸟者、同类相食者、贪者、吝者、性贼者、污浊者、秽食者、乱群者、异形者、妖者、似人者、善变者”等鸟兽均不可食。据此可知，伊斯兰教的择食基本原则是：选择美、善、洁的食物，摒弃丑、恶、污的食物。基本饮食禁忌，除忌食动物血液、忌食鸦片等毒品外，还需注意五点。

（1）忌食自死物

自死物是指非人为屠宰的牲畜，如病死、老死、吃了有害食物中毒而死、跌死的、饿死的、摔死等原因死亡的动物。凡自死物，除鱼类外，皆不可食用。

（2）忌食丑、恶、污的食物

牲畜中那些奇形怪状、污秽不洁、性情凶恶、行为怪异的飞禽、猛兽及不反刍的动物，都属于禁食范围。包括猪肉、狗肉、猫肉、青蛙肉、驴肉、骡肉、虎、狼、豹、狸、狮、猿、猫、鹰、鹞、刺猬、熊、猴、蛇等。

（3）忌食形状不端的水族

形状不端的水族有螃蟹、鲨、章鱼、鲸、鳖等。选择鱼类进食时还要遵循有头有尾、脊有刺、腹下有翅、身上有鳞的规定，如鲤、鲫、草、鲢等鱼属于可食用范围。另外，因穆斯林认为鱼的血气在水，离开水，血气之性即无，因而可直接食用，不用请阿訇等屠宰。

（4）忌食诵非真主之名而宰的动物

伊斯兰教认为真主是万物的创造者，是生命的赋予者和终结者，只有结束该动物的生命是以真主的名义进行的，才是符合伊斯兰教教义的。所以，在宰杀符合《古兰经》教义的可食用的动物时，如牛、羊、驼、鹿、鸡、鸭、鹅、鹑、兔等畜禽，必须请阿訇或懂得神牲规诫的穆斯林来宰杀。具体而言，要首先检查动物的眼睛确保其适合食用，供水饮用以解其渴，然后使之面向麦加，祷告后以割断喉管的方式宰杀，并放尽血液后食用。

（5）忌酒

“信仰的人们啊！饮酒、赌博、拜像、求签，只是一种秽行，只是恶魔的行为，故当远离，以便你们成功”，“凡是使人麻醉的，都算酒；凡是酒，都是非法的”。伊斯兰教不但禁止穆斯林饮酒，而且还严厉谴责与酒有关的 10 种人：“酿酒者、聘请酿酒者、饮酒者、运酒者、使人运酒者、斟酒者、卖酒者、分享酒价者、买酒者、使人买酒者”。

《古兰经》中除了对穆斯林的食源有所规定外，对于信众的饮食习惯也有相关规诫，如见月封斋和开斋，又如通过“你们应当吃，你们应当喝，但不要过分，真主确实不喜欢过分者”“人的胃应该保持这样一种状态，1/3 的食物，1/3 的水分，1/3 的空气”要求穆斯林饮食有节、适量。

三、基督教

基督教（Christianity）与伊斯兰教、佛教被视为世界三大宗教。基督教是信奉基督耶稣为救世主的各教派的统称，包括天主教、东正教、新教以及其他一些较小的教派。

1. 基督教概述

基督教的教会在 4 世纪按教义中耶稣升天后建立，第一间教会约于 33 年出现，约于 325 年由罗马帝国皇帝君士坦丁大帝宣布合法化，狄奥多西时成为罗马帝国国教。11 世纪，教会分裂而形成罗马天主教会（天主教，Catholicism）为首的西方基督教，和君士坦丁堡正教会（东正教，Eastern Orthodox Church）为首的东方基督教。16世纪西方基督教宗教改革，新教（更正教，Protestantism）又从罗马天主教脱离而独立。

全世界基督教教徒的分布大致如图6-2所示，信奉东正教的主要有俄罗斯、乌克兰、白俄罗斯、希腊、罗马尼亚等东欧国家，信奉天主教的主要有意大利、法国、比利时、卢森堡、奥地利、爱尔兰、波兰、捷克、匈牙利、斯洛伐克、西班牙、葡萄牙等西欧国家；信奉新教的主要有英国、美国、澳大利亚、新西兰、丹麦、挪威、瑞典、冰岛、芬兰、爱沙尼亚、拉脱维亚。据估计，目前信仰基督教的人口占世界总人口25%~30%。

图6-2　全球基督教信徒分布示意图

基督教的一个派别曾于唐初（7世纪）传入中国，称为景教；另一派别则于元代（13世纪）传入中国，称为也里可温教，但后皆中断。天主教曾分别于元代、明末分别传入，新教则于清代传入。至新中国成立前夕，中国约有天主教徒300万人，新教徒70万人。1945~1951年，外国传教士从中国大陆撤走，中国天主教与新教走上了自治、自养、自传的道路。

2. 基督教食俗

早期的基督教是纯粹素食宗教，圣经中记载："始终吃来自上帝的桌子上的食物：树的果实，田地里的谷物和草，动物的奶，以及蜂蜜。一切这些之外的都来自撒旦，引至罪恶之路，直到生病、死亡。"后来由于圣·保罗变革，基督教中的很多禁忌被解除，发展到今天，基督教里对食物的禁忌已基本没有了。但普遍而言，仍然较少食用猪肉、动物内脏、无鳞鱼和无骨水产品。

不食血是《圣经》对基督徒的一种要求，因为血象征着生命，是旧约献祭礼仪上一项重要的内容。新约则把血的作用解释为耶稣基督在十字架上流血舍命而带给人的救赎能力。《圣经》中另一段关于食物的重要描述出现在耶稣被捕前的逾越节晚餐上。那天，耶稣跟12个门徒坐在一起，共进最后一次晚餐，他忧郁地对12个门徒说："我现在告诉你们，你们中有一个人要出卖我了"，他把饼分给众门徒，说"这是我的身体"，又把葡萄酒分给众门徒，说"这是我的血"。并要求门徒们如此做，以纪念他。意大利艺术家列奥纳多·达·芬奇据此创作了著名的《最后的晚餐》，表现了这一重要时刻。因此，基督教以麦面饼和葡萄酒作为耶稣为救赎人类被钉于十字架的象征，具有感恩祭献之意。圣餐礼均由神职人员主持，麦面饼和葡萄酒"祝圣"后代表了耶稣的"圣体"和"圣血"，信徒分食以铭记耶稣的牺牲与教诲。

四、道教

道教，是指在中国古代宗教信仰的基础上，承袭了方仙道、黄老道和民间天神信仰等大部分宗教观念和修持方法，逐步形成的以"道"作为最高信仰，并以老子的《道德经》等为修仙、修真境界主要经典，追求修炼成为神仙的一种崇拜诸多神明的多神教原生的宗教形式。

道教与道家是不同的，道家是学问，是哲学思想流派，创于春秋战国，而道教是宗教，创于东汉末年。道教认为道是先天地而生的，为宇宙万物的本原；又认为道是清虚自然、无为自化为，所以要求人要清静无为、恬淡寡欲。在修身方面，道教讲究"人天合一""人天相应""无为而治，不言之教"，讲究"虚心实腹""归根复命"，"根深蒂固""长生久视""知足不辱，知止不殆，可以长久""乘天地之正，而御六气之辩，以游无穷"等。

道教崇尚自然，重生恶死，追求长生不老，认为人的生命可以自己做主，而不用听命于天，认为人只要善于修道养生，就可以长生不老，得道成仙。因此生活上主张清静无为，认为"先除欲以养精、后禁食以存命"，于是产生了许多修炼方法，如炼丹、服食、吐纳、胎息、按摩、导引、房中、辟谷、存想、服符和诵经。

1. 重视服食辟谷

服食就是选择一些草木药物来吃。道士服食的药物大体有两类：一类有滋养强壮身体的效果，另一类可安神养心或炼化的丹砂之类。尤其是食丹之术，为道教独有。道教认为丹砂、黄金等金石类性质稳定的物质可以炼成"金丹"（又称"还丹"）。但现代科学已经证实，这些丹药往往不能长生不老或强身健体，反而会使人中毒甚至死亡。古人也有云"服食求神仙，多为药所误"，所以后来食丹术渐不为人所信。上述丹药被道教称为外丹，而内丹不是药物，是把人体比作炉鼎，以人的精神作为烹炼对象。

辟谷，也称断谷、绝谷、休粮、却粒等。长沙马王堆汉墓发现的《却谷食气》是我国现存最早的辟谷文献。道教认为人体中有三虫，亦名三尸，是欲望产生的根源，是毒害人体的邪魔。三尸在体内靠谷气生存，所以人如弃食五谷，则可断谷气，去三尸，摒邪欲。辟谷并非什么都不吃，只是不吃粮食，但可服食药物，饮水浆等。辟谷者可食大枣、茯苓、巨胜（芝麻）、蜂蜜、石芝、木芝、草芝、肉芝、菌芝等。长期辟谷会导致人体营养不均衡，是不宜提倡的。

2. 提倡不食荤腥

道教认为人禀天地之气而生，气存人存，而物、荤腥等都会破坏“气”的清新洁净，所以主张“少食荤腥多食气”。道教把食物进行了分类，认为“禽兽及虫鱼，等血肉食，皆能致食危，荤茹既败气，饥饱也如斯，生硬冷须慎，酸咸辛不宜”。即最能败清净之气的是荤腥及“五辛”，所以忌食鱼肉荤腥与葱、韭、蒜等辛辣刺激的食物。理想的食物是“餐朝霞之沆瀣，吸玄黄之醇精，饮则玉醴金浆，食则翠芝朱英”。

道教主要可分为全真道派与正一道派，道教的戒律依照不同的教派，有着不同的内容。一般来说，全真道派的戒律严，有不得杀生、不得喝酒吃肉、不得偷盗、不得邪淫等。全真道徒常住道观清修，称出家道士。正一道徒则可以有家室，不住道观，也能饮酒食肉，称在家道士。

3. 注重饮食疗疾

道家为了修炼成仙，首先得去病疗疾，所以“为道者，莫不兼修医术”。医药和养生术不仅可以使自己得到保健，而且可以治病救人济世，弘扬道法。道教把药也分为上、中、下三品。上品药服之可以使人长生不死，尤其是道士炼成的金丹大药，中品药可以养生延年，下品药才用来治病。

许多道教徒如葛洪、陶弘景、孙思邈等都是著名的医药学家。晋代葛洪精习医术，编撰医书《玉函方》，又把方便的经验方编撰为《肘后要急方》，用以救急。南朝陶弘景是著名药学家，所著《本草集注》，把原来的《神农本草经》中的365种药物增加了一倍，对每种药物的性能、形状、特征、产地都加以说明。隋唐时，孙思邈所著《千金要方》中更有《食治》一章，详细介绍了谷、肉、果、菜等食物疗病的作用。还主张注重饮食卫生，主张多餐少吃，细嚼轻咽，饭后行数百步等，被后世尊称为“药王”。“夫为医者，当先洞晓病源，以食医之，食疗不愈，然后命药”，因而道家主张以食同源，讲究食疗食补。孙思邈采用药物和食疗两种方法治病，对食疗保健学的发展起到了很大的推动作用。

第三节　中西方饮食文化比较

中西方的饮食文化在食物原料、烹调技法、口味营养、进餐方式等诸多方面存在着本质差异，究其根源主要是中西方不同的文化根源和不同的思维方式造成的。思维方式是文化的核心因素，思维方式的差别是文化差异的本质体现。

一、中西方思维方式

1. 中式思维方式对饮食的影响

中国人注重“天人合一”，中国人讲求“用心思考”。“用心思考”往往使人对事物认识更富有情感和体验，把握事物更灵活与变通。但获得的知识常常无法用逻辑推理加以论证，也无法用精确的量化加以表达。其特征是注重心物交融，直观体悟，获得的许多知识和技艺是“可意会不可言传”。如我国传统食疗把食物分成四性（温、热、寒、凉）、五味（酸、苦、甘、辛、咸），然后根据病人的健康情况，利用食物的性与味相互配伍以达到治疗的目的，至于这样定性和配伍的科学性和依据却很难解释清楚。

我国传统思维方式的优势是对事物的定性把握和整体把握，但量化不严格。我国餐饮业的菜品设计往往缺乏理论依据，菜肴标准也不统一，往往是同一款菜肴，一店一味甚至是一个厨师一种风味。同样地，我国厨师编制的菜谱量化也不准确，常常出现“适量”“少许”等用语，按照菜谱制作菜肴往往做不出应有的风味。

2. 西式思维方式对饮食的影响

西方人注重“以人为本”，讲求“动脑思考”，这通常是一种按部就班、分条缕析的理性思维过程。西方思维方式的特征在于强调主客二分，逻辑推断，理性至上，因而也更加易用精确的量化表达。如西方的营养配餐首先要分析不同的人群对各种营养素的需求量，再分析食物中的营养成分，然后按照适当的比例制订食谱，同时还要考虑这些营养成分是否能为进食者充分吸收，有无其他副作用等问题。

西方传统思维方式的优势正是对事物的定量把握，这一点在饮食文化方面体现得也非常明显。如西方餐饮业的菜品设计往往都有理论依据，而且讲究营养成分，菜肴标准也很统一，往往是同一款菜肴在所有餐厅的风味都一致，由西方厨师编制的菜谱量化也很准确，完全可以按照菜谱制作菜肴。

由于中西方不同的思维方式，导致了我国与西方对事物的不同把握方法，也导致了不同的饮食文化。两种饮食文化间不存在孰优孰劣的比较，都是各自国家生存环境下的必然产物。到了现代，中西方文化仍在不断发展、不断碰撞，逐渐趋于相互借鉴、求同存异、优势互补。

二、中西方烹饪方式

1. 食材选择差异

《神农书·教篇》中说“民为帮本，食为民天”，意思是说人民是国家的根本，而吃饭是民生的最大问题，只有解决了老百姓的吃饭问题，国家政权才能稳定。北京紫禁城右侧的社稷坛，就是祭江山社稷的地方，社是土神，稷是谷神，帝王每年必定要在社稷坛上摆上五谷，躬身祭拜。这种把吃饭问题和稳固江山社稷紧密相连，可以说是我国饮食思想的一大特点。

由于我国历史上一直未出现过政教合一的政权，因此国人在饮食上是放开的，几乎没有什么饮食禁忌，加之人口众多，为解决吃饭问题，也要多方觅食，因而在食源上可谓非常广泛，几乎是飞、潜、动、植，无所不食。据西方的植物学者的调查，中国人吃的蔬菜就有600多种，比西方多六倍。

西方人在选择食材时会受到宗教的影响，食物可分为洁净与不洁净两类，凡是不洁净的皆不可食，肉类中多不食其筋和血，也很少吃内脏。水产品中只能吃有鳞鱼，其他无鳞、无骨和有壳的海产品也较少食用。犹太教、伊斯兰教饮食方面的禁忌也更为严格。这种把食物分为洁净与不洁净的饮食思想，对后世整个西方世界的饮食思想有着潜移默化的影响。

2. 烹饪技法差异

我国菜点品种繁多且流行变化快、多创新，可根据不同的原料、时间、地点随时衍变出不同的品种，这一点西方饮食是望尘莫及的。另外，我国厨师讲究技法，讲究基本功。一把菜刀使用起来出神入化，可以把原料加工成细小的丝、丁、片、末等刀口，并能雕刻出美观形象的造型，这一点也是西方厨师很难做到的。再有，我国厨师动作敏捷、感官灵敏，烹调中讲究“鼎中之变”，物料的投放不使用计量器，全靠感官把握。

中国各大菜系都有自己的风味与特色，菜肴品质与厨师关系紧密，有时不仅不同厨师烹调同一个菜的风味不同，就是同一厨师做同一个菜也会依不同季节、不同场合、用餐人身份的不同加以调整，如冬季味浓郁，夏季味清淡，婚宴须色彩鲜艳，丧宴忌红色，穷汉杀馋应浓油厚汁，老饕会餐宜新鲜别致。因此中国烹调不仅不讲求精确到秒与克的规范化，而且还特别强调随意性。

西方厨师不像中国厨师那样讲究刀功技法，但讲究刀具。西餐厨刀的种类非常多，有切肉的、有切鱼的、有切熟肉的、有切蔬菜的甚至有专切煮鸡蛋的，讲究专器专用，这样降低了操作难度，也可弥补操作者刀功技法的不足。西方人往往不依赖自己的感官，所以在制作菜肴中普遍使用计量器。1995 年第一期《海外文摘》刊载的《吃在荷兰》一文中还描述了“荷兰人家的厨房备有天平、液体量杯、定时器、刻度锅，调料架上排着整齐大小划一的几十种调味料瓶，就像个化学试验室”。到了现代各种先进的烹饪设备不断涌现，比如西式烹饪使用的蒸烤箱，既可蒸，又可烤，既可控温，又可控时，完全可以替代厨师的“多年经验”和感官体验。

由于西方设计菜品要有理论依据，而且讲究营养成分，菜肴标准也要求统一，菜品的制作工艺和配方一经确定后，就不能轻易改变，所以研发一款新的菜品往往需要很长时间，这样菜点的品种就比较少，菜品的变化也较慢。这种相对较为单调的饮食状况，对我国追求口腹之欲的食客来说似乎很难接受，但对于讲究“享受生活”的西方人来说是再正常不过的了。

3. 饮食追求差异

中国饮食的魅力之所在是味道，美味的产生又在于调和，要使食物的本味，加热以后的熟味，加上配料和辅料的味以及调料的味，交织融合协调在一起，互相补充、互助渗透。调和之美也是中国烹饪艺术的精要之处。在中国，饮食的美性追求显然压倒了理性，这种饮食观与中国传统的哲学思想也是吻合的。作为东方哲学代表的中国哲学，其显著特点是宏观、直观、模糊及不可捉摸。中和之美正是菜肴的整体把握。

西方烹调虽也追求美味，但同时总不忘“营养”这一大前提，一味舍营养而求美味是他们所不取的。尤其是 20 世纪 60 年代出现的现代烹调思潮，特别强调养生、减肥，从而追求清淡少油，强调采用新鲜原料，强调在烹调过程中保持原有的营养成分和原有的味道，所以蔬菜基本上都是生吃。现代中国人虽也讲营养保健，但与沙拉相比，还是会选择爆炒调味。因而中国的现代烹调术旨在追求营养与味道兼顾下的最佳平衡，这也是中国“中庸之道”的一种体现。

三、中西方进餐方式

餐桌礼仪，是指人类社会在进餐时的各种公认礼貌标准，由于文化各异各国餐桌各有不同。但一般来说，还是有些基本常识是中外通用的，如提早预约餐厅；接受他人邀请时，应尽早回复；进入餐厅时，需由侍者（领台）带领入座，不可贸然入位；一般椅子是由左侧入座，而上位则是在离出口最远，能看清楚全场的安静位子；如为分餐制，点菜的餐数需和用餐人数配合；通常按照上菜的顺序来点菜；用餐时，补妆要到化妆室，避免在众人面前补妆；尽量避免中途离席；不可大声喧哗；用餐速度宾主需互相配合；留意残留在杯子边缘的口红印；进餐时不可抓头；不可乱动餐具；不可在公共场合中擤鼻涕，且特别是在餐桌上；将餐点吃光，才是得体的表现；饭前或饭局中不应谈及关于厕所和令人丧尽食欲的话题；在用餐时打嗝儿是不礼貌的行为。

中西方的进餐方式有很大不同，这种差异对民族性格也有影响。在中国，任何宴席都采用圆桌围坐，从形式上营造一种团结、礼貌、共趣的气氛。美味佳肴上桌，既是一桌人欣赏、品尝的对象，又是一桌人感情交流的媒介。人们相互敬酒、相互让菜、劝菜，在美好的事物面前，体现了人与人的尊重、礼让等美德，符合我们民族“大团圆”的普遍心态，反映了中国古典哲学中“和”这个范畴对后代思想的影响，便于集体的情感交流。

西式饮宴上，食品和酒尽管非常重要，但宴会的核心始终在于交谊，通过与邻座客人之间的交谈，达到交谊的目的。如果将宴会的交谊性与舞蹈相类比，那么可以说，中式宴席好比是集体舞，而西式宴会好比是男女的交谊舞。中式宴会更多地体现了全席的交谊，而西式宴会多体现相邻宾客之间的交谊。与中国饮食方式的差异更为明显的是西方流行的自助餐。大家各取所需，不必固定在位子上，可随意走动，自由交谈，表现了西方人对个性、对自我的尊重。

中式餐桌座位安排一般遵循：圆桌离入口最远处属于上座，以主陪（宾主）的右手边为尊，最接近入口的座位是下座。通常餐具的摆放遵循：正面的最前面是餐巾，右前方是取菜的盘子，左侧是汤匙与布菜的深盘，右侧是汤匙和筷子，水杯或酒杯置于右侧，正面的内侧是骨碟。其他需要注意的餐桌礼仪还有，旋转桌旋转的方向由主客向左转，即顺时针方向；不能把自己的餐具放在旋转桌上；转动旋转桌时不能太用力，也要注意旁边的餐具；用餐时注意维持餐盘的整洁；汤碗不可端起来直接喝，更不能发出声音。

西式餐桌座位安排，以女士优先。在排定西餐座次时，主位由女主人就座，而男主人位居第二位。排定座次时，以右为尊，面门为上，男女分隔而坐，生人与熟人交叉排列。如男主客优先入坐，其位置在女主人右边，而女主客则在男主人右边。夫妇通常不会安排在邻座，而是常以对角方式就座。一般而言，西餐的座次与餐具安排，会由主人于餐前准备妥当，餐桌上放置姓名卡，应邀者只要遵从即可。女主人宣布晚宴就绪后，由男主人引领客人依次入座，女主人则走在最后面。入座原则以长者较年轻者先入座，已婚较未婚先入座，陌生人较熟识客人或家人先入座。

学习重点

1. 穆斯林饮食禁忌

穆斯林对饮食非常重视，择食基本原则是：选择美、善、洁的食物，摒弃丑、恶、污的食物。基本饮食禁忌有忌食自死物，忌食丑、恶、污的食物，忌食形状不端的水族，忌食诵非真主之名而宰的动物，忌酒，忌食血液，忌食毒品。

2. 佛教对中国饮食的结构和风俗习惯的影响

中国佛教食素，因而随佛教的传播也逐渐形成一批食素的信众和素食爱好者，尤其是对豆腐和豆制品在素食烹饪中的开发与利用，为素食者提供了优良的蛋白质来源，丰富了素食餐桌。佛教的传播也推动了中国茶文化的发展。

3. 节庆饮食习俗

中国的传统性节日，如春节、元宵节、清明节、端午节、七夕节、中秋节、重阳节、冬至节、腊八节、送灶节，犹太教的逾越节，伊斯兰教的斋月、开斋节、古尔邦节，西方宗教性节日圣诞节、复活节、万圣节，美国和加拿大的国家性节日感恩节。

学习难点

中西方思维差异导致饮食文化迥异

东西方认识事物的维度上存在根本性差异，例如，西方看待世界结构是实体的，所以形式化必然是明晰的，东方看待世界是气化的，所以整体功能模式也是模糊的；西方坚持实体与虚空的对立，因而面对人体更看重比例，东方认为虚实相生，因而面对人体更看重传神。

首先，西方思维中认为天人相分，即人与皇天上帝分离、人与大自然分离。主客相分，主体可以而且应该把客体世界当作对象化的事物，那么人为了满足自己的需要，就应该将自然万物作为考察、研究的对象，发现其中的规律或法则，进而征服自然、改造环境。

其次，西方思维方式的主要内容有两个方面：一是在认识事物的思维方式上强调“形式结构”，二是在认识事物的思维方法上，“注重明晰，长于分析、实证”。所研究和探索的都要尽力用明确的语言清楚地分析、阐述形式结构的特点及其形成的原因，因此人们认识事物的方法必然是明晰的。

最后，人的自然能力十分有限，要想明晰地认识客体世界，还必须依靠工具，包括科学技术在内的各种物质工具和逻辑分析等精神工具。如在烹饪技术上，西方人重视因分析得来的理性，所用的工具有大小不同、形状各异的菜刀、锅、餐刀、餐叉等，使菜肴的烹饪质量对人的自然能力和技术水平的依赖程度有所降低，具有较强的科学性，也更有利于人们认识和掌握。

课后练习

1. 以下饮食风俗属于清明节食俗的是________。

A. 吃龙须面、龙鳞饼　　B. 吃花糕、螃蟹

C. 吃青团子、馓子等　　D. 吃粽子

2. 伊斯兰教历的 9 月要求健康成年的穆斯林全月封斋，即________。

A. 一个月内不吃食物

B. 一个月内每天从黎明到中午禁食

C. 一个月内每天从中午到日落禁食

D. 一个月内每天从黎明到日落禁食

3. 以下不属于基督教饮食习俗的是________。

A. 禁止食用血

B. 定期进行斋戒

C. 受伊斯兰教影响

D. 早期为素食主义

4. 下列对国际宴会席位排列原则描述正确的是________。

A. 分餐制时坐朝南，中为上，左为尊，右次之

B. 主人的座位应该背门面墙

C. 各桌之上的位次尊卑，以距主人远近而定，以近为上，以远为下

D. 以男主人的座位为准，主宾坐在男主人的右上方

5. 以下关于中餐和西餐评价中错误的是________。

A. 西餐选料的局限性较大，常用有牛、羊和禽类，但内脏较少食用

B. 中餐厨刀种类很多，讲究干什么事情用什么刀

C. 西餐主菜通常由主料、配菜和调味汁三部分组成

D. 中餐菜肴大多有明显的咸味，并富于变化

6. 穆斯林的饮食禁忌有哪些？

7. 道教对中国传统饮食文化有哪些影响？

8. 佛教对中国传统饮食文化有哪些影响？

9. 试根据本学期所学中西方饮食文化知识，从饮食思想、历史发展、菜肴特点、就餐习俗、礼仪规范等不同方面，比较中西方饮食文化的异同。阐述应有理有据，表述清晰，可以适当借助图片或者图表。

10. 试按照西餐宴会礼仪要求，为宾客女 1、女 2、女 3、女 4 和宾客男 1、男 2、男 3、男 4 安排座位，即将宾客填入相应的方框内。

筵席 1

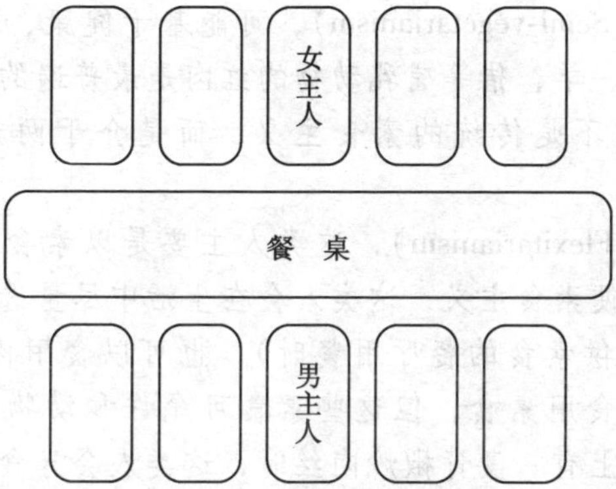

筵席 2

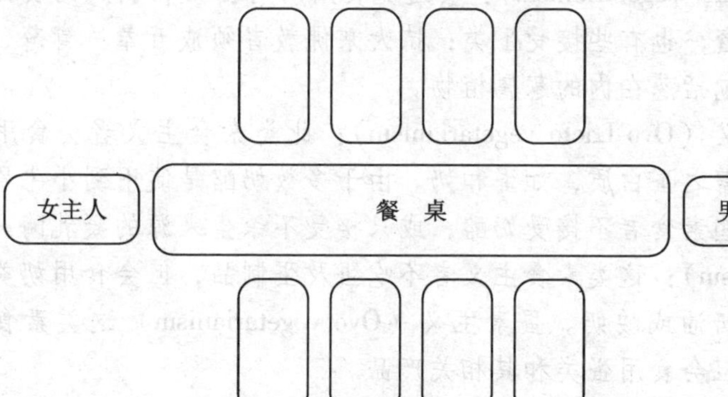

课外阅读与思考

素食主义

素食主义（Vegetarianism）是一种有关饮食的文化，实践这种饮食文化的人被称为素食主义者（Vegetarian）。素食主义最早源自古印度的宗教、哲学传统，地中海东部的文明也是其一个来源，但两者关系并不大。素食主义在世界范围内的传播和流行起来也只是现代的事情。1801 年第一个素食协会在伦敦成立，1908 年国际素食联盟成立。目前拥有最高素食人口比例的地方是印度，但在世界各国或不同文化中的素食主义种类其实非常多样。

1. 纯素食主义或严守素食主义（俗称“吃全素”，Veganism）：会避免食用所有由动物制成的食品，例如蛋、奶类、奶酪和蜂蜜。除了食物之外，部分严格素食主义者也不使用动物制成的商品，例如皮革、皮草和含动物性成分的化妆品。

2. 半素食主义（Semi-vegetarianism），可能基于健康、道德或信仰而不食用某些肉类，如不食牛、羊、猪等哺乳动物的红肉是最普遍的类型，这些人会食用部分禽类和海鲜。这不是传统的素食主义，而是介于两者之间。半素食主义包括：

弹性素食主义（Flexitarianism），这类人主要是以素食为主，偶尔会食用肉类，又可细分为：方便素食主义，这类人会在生活中尽量选择素食，但如果条件不允许（比如在没提供素食的餐厅用餐时），也可以食用肉类；锅边素食主义：这类人会在生活中只食用素食，但这些素食可允许和动物制成的食品混杂在一起。比如说，当餐桌上有一盘青椒炒肉丝时，这类人会只食用青椒的部分，而不会完全不吃。

斋食（Buddhist vegetarianism）：会避免食用所有由动物制成的食品，但大多接受乳制品及蜂蜜，也有些接受蛋类；持大乘佛教者须戒五荤：青葱、大蒜、洋葱、韭菜、薤、包括葱在内的葱属植物。

乳蛋素食主义（Ovo-Lacto vegetarianism）：此类素食主义者会食用奶蛋类食品来取得身体所需之蛋白质，如蛋和奶。由于多数奶酪是使用到小牛胃内的凝乳酶制造，因此有些素食者不接受奶酪，或只接受不杀生来源的凝乳酶。奶素主义（Lacto vegetarianism）：这类素食主义者不吃蛋及蛋制品，但会食用奶类和其相关产品，如奶酪、奶油或酸奶。蛋素主义（Ovo vegetarianism）这类素食主义者不吃奶及奶制品，但会食用蛋类和其相关产品。

耆那教素食主义（Jain vegetarianism）：可以食用奶制品，但不食用蛋制品、蜂蜜和任何形式的根茎食品。鱼素主义（Pescetarianism）：这类人主要是以素食为主，偶尔会食用鱼和其他水产品，但不食用其他陆地动物。禽素主义（Pollo-tarianism）：这类人主要是以素食为主，偶尔会食用鸡肉，但不食用哺乳动物的肉，即所谓的“红肉”。白肉素食主义（英语：Pollo-pescetarianism）：这类人主要是以素食为主，偶尔会食用鱼和鸡肉，但不食用哺乳动物的肉，即所谓的“红肉”。长寿健康饮食法（Macrobiotic diets）：食物仅包括谷类和豆类，但偶尔会食用鱼和其他水产品。免费素食主义（Freeganism）：这类人以素食为主，除非肉类的来源是免费的。

3. 生素食主义（Raw vegetarianism）：这种食用方法是将所有食物保持在天然状态，即使加热也不超过47℃。生食主义者认为烹调会致使食物中的酵素或营养被破坏。有些生食主义者叫作活化生食主义者，在食用种子类食物前，会将食物浸泡在水中，使其酵素活化。有些生食主义者的饮食理念与果食主义者相似，有些生食主义者仅食用有机食物。

4. 果食主义（Fruitarianism）：仅食用水果和果汁或其他植物果实，不包括肉、蔬菜和谷类。

5. 苦行素食主义：这类人为坚定心中的信念，以苦行的方式进行素食，不仅戒蛋、牛奶，甚至戒大豆、食盐。甘地为其代表人物。

6. 道德杂食主义（Ethical Omnivore）：这类人的食物来源必须是天然的、有机的和道德的，不含抗生素荷尔蒙等人工饲料添加剂。

世界上许多素食者是基于宗教的因素而食素。如佛教主张不杀生，但允许三净肉，即食者不听杀、不言杀、不看杀；提婆达多派主张完全素食，不食用肉类、鱼类与牛乳；中国大乘佛教的素食包括不食荤腥和永断五辛（葱、蒜、洋葱、韭菜及兴渠）；印度教提倡非暴力，认为越有文化的人越食素，因此婆罗门大多数吃素；巴基斯坦信德省一些穆斯林受印度教影响也不吃肉；道教有《道经》云："斋食（即素食）者，洁净身心，涤除邪秽"；《易经》中也有记载："圣人以此斋戒，以神明其德。"

世界上其他素食者的起因还有诸如传染病等环境因素、道德因素、保护动物因素、健康因素、减重或其他个人因素等。例如偶发性克雅二氏病是一种发生在人类身上的传染性海绵状脑病，病因可能是病患食用了含有非典型疯牛病病原体的肉。全球约有一百万分之一的人会得此病，目前也没有任何医治的方法。据此，一些人转而发起了拒食肉类的行动。又另据联合国的报告和科学证据显示，就全球变暖而言，甲烷的有害性比二氧化碳强21倍，氧化亚氮的有害性比二氧化碳约强300倍。大气中的甲烷约有25%由畜牧业饲养之家畜排放，氧化亚氮也是牲畜的副产品。再如，据统计美国超过半数以上的用水都直接用来灌溉牧场以饲养牲畜，还有大量的水被用来冲洗牲畜的栏圈。生产一磅的肉平均会消耗掉相当于一个普通家庭一个月的用水量，而生产相同单位肉类食物的耗水量也远高于植物类食物耗水量。而这样的用水会造成严重的经济和生态方面的影响。因此，有人建议应以更多植物类食物替代动物类食物。

项目统筹：付　蓉
责任编辑：郭海燕
责任印制：冯冬青
封面设计：鲁　筱

图书在版编目（CIP）数据

饮食文化概论／修宇，郭晓赓编著.--北京：中国旅游出版社，2017.2（2020.1重印）
ISBN 978-7-5032-5598-4

Ⅰ.①饮…　Ⅱ.①修…　②郭…　Ⅲ.①饮食—文化—概论　Ⅳ.①TS971.2

中国版本图书馆CIP数据核字（2016）第308887号

书　　名：饮食文化概论
主　　编：修　宇　郭晓赓
出版发行：中国旅游出版社
（北京建国门内大街甲9号　邮编：100005）
http：//www.cttp.net.cn　E-mail：cttp@mct.gov.cn
发行部电话：010-85166536
排　　版：北京旅教文化传播有限公司
经　　销：全国各地新华书店
印　　刷：北京工商事务印刷有限公司
版　　次：2017年2月第1版　2020年1月第3次印刷
开　　本：720毫米×970毫米　1/16
印　　张：10.25
字　　数：183千
定　　价：36.00元
I S B N　978-7-5032-5598-4